조이매스 JOYMATH 칠교판 활동학습2 (7세 이상)

목차

칠교판은 삼각형 5개와 사각형 2개의 일곱 조각으로 구성됩니다.
다음에 알맞은 조각을 찾아 그림 위에 올려놓고, 알맞은 숫자 스티커를 교구에 붙여 보세요.

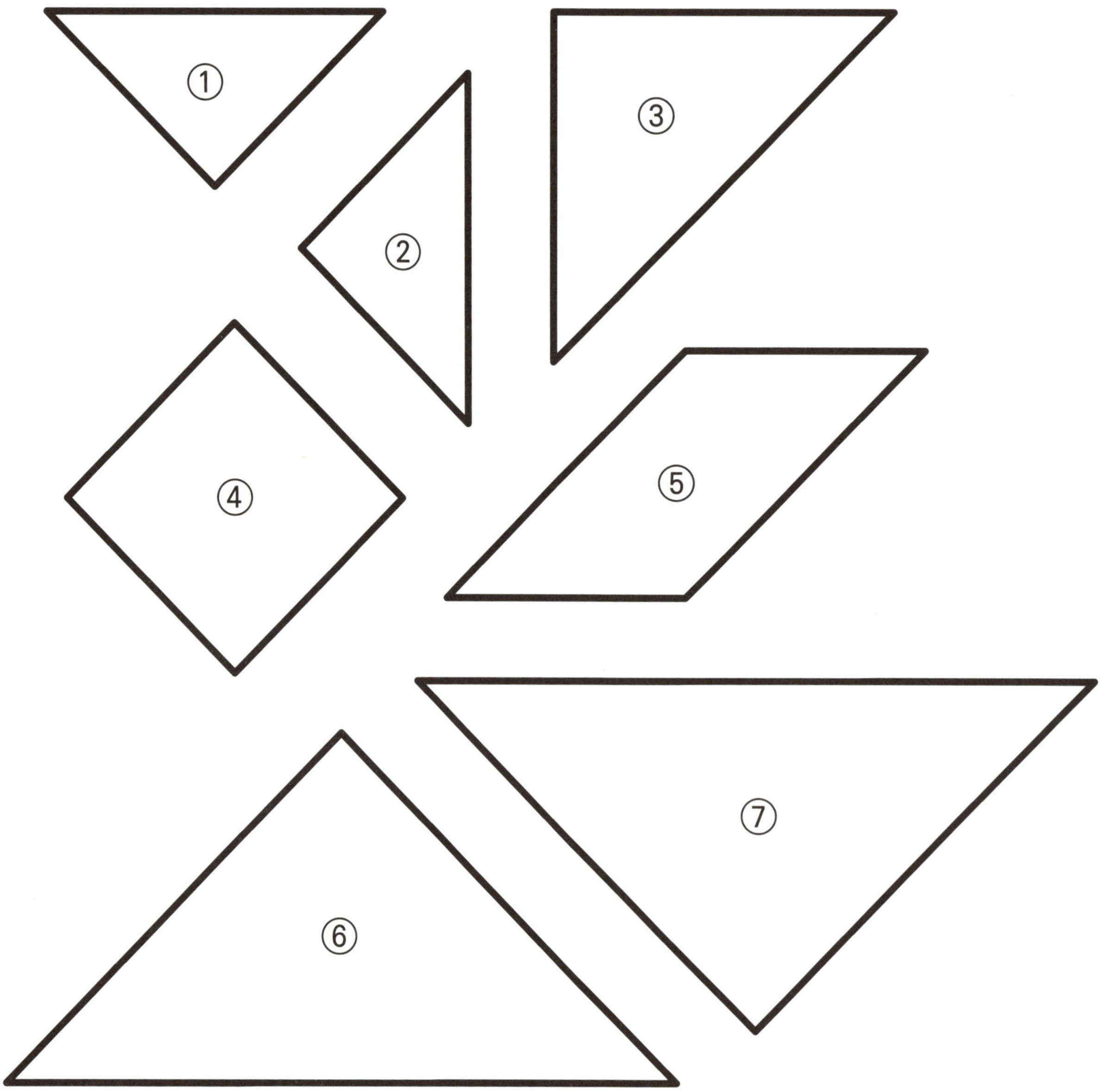

학부모 가이드

각 조각에 붙인 숫자 스티커는 문제에서 조각을 제시할 때, 활용하기 위한 것으로 조각의 번호를 기억할 필요는 없습니다.

 알맞은 조각을 찾아 그림 위에 놓아보세요.

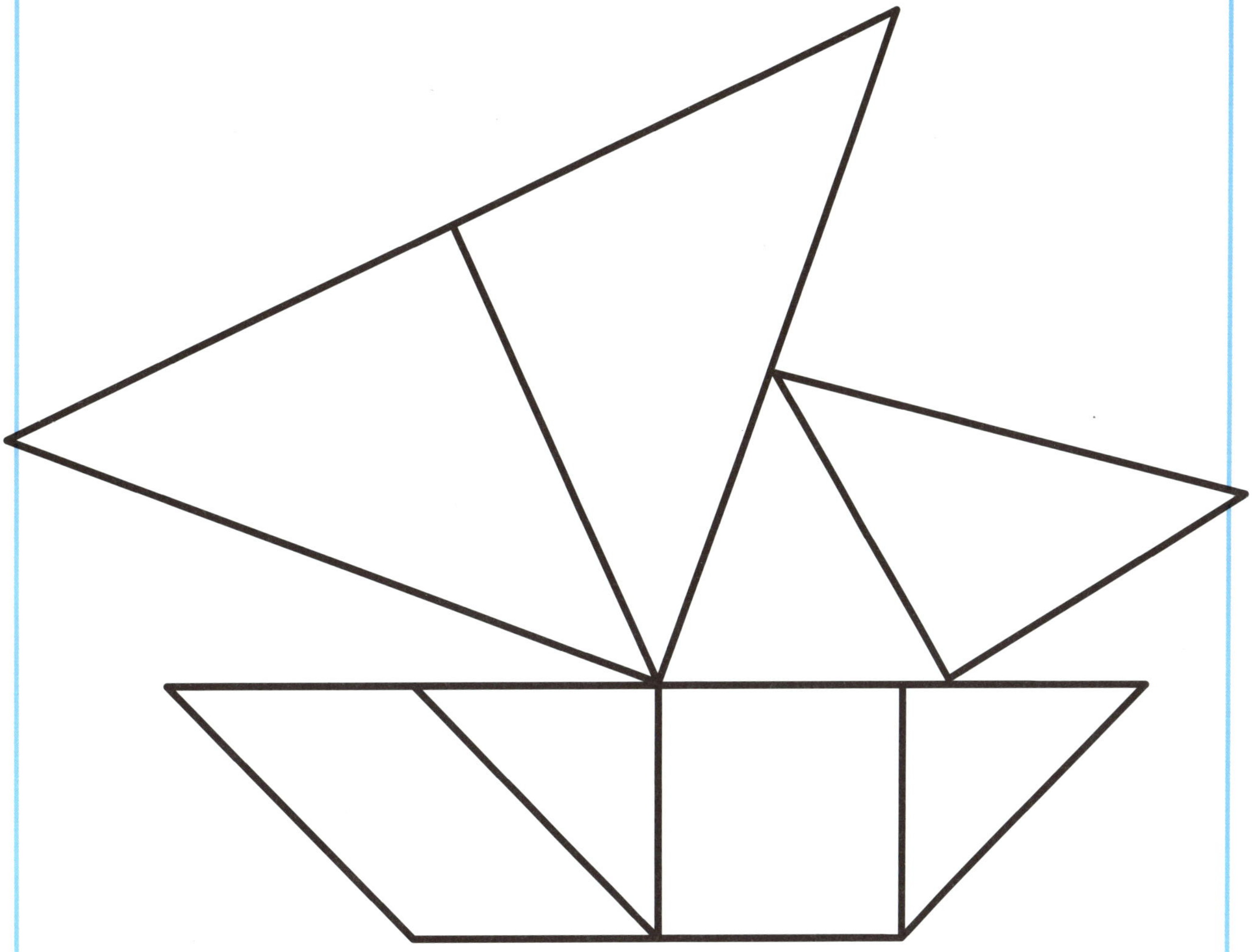

Joymath ··· 3 ··· 칠교판(활동학습) 수준2

학부모 가이드

칠교판 일곱 조각을 돌리거나 뒤집어서 그림 위에 놓을 수 있도록 해주세요.
이때, ⑤번 조각( )을 제외한 여섯 조각은 돌리기만으로 모양을 만들 수 있지만, ⑤번 조각은 뒤집어서 사용하는 경우가 있습니다.

 2 삼각형 만들기

주어진 조각을 사용하여 다음 삼각형을 만들어 보세요.

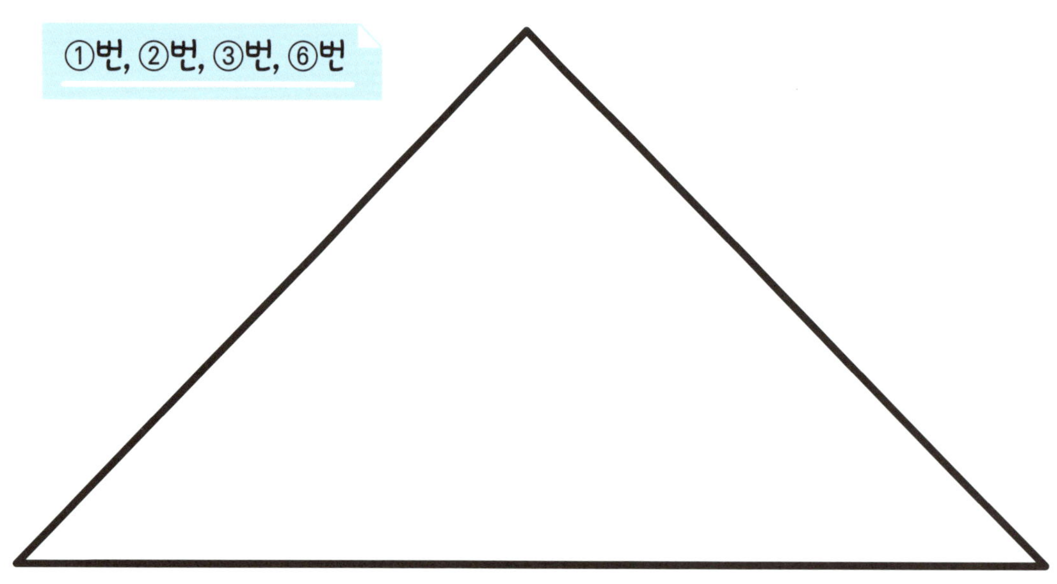

학부모 가이드

삼각형은 초등학교 1~2학년군에서 배우는 내용으로, 오른쪽 그림과 같은 모양의 도형을 말합니다.

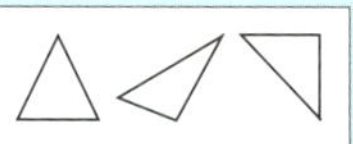

 주어진 조각을 사용하여 다음 삼각형을 만들어 보세요.

Joymath · · · 5 · · · 칠교판(활동학습) 수준2

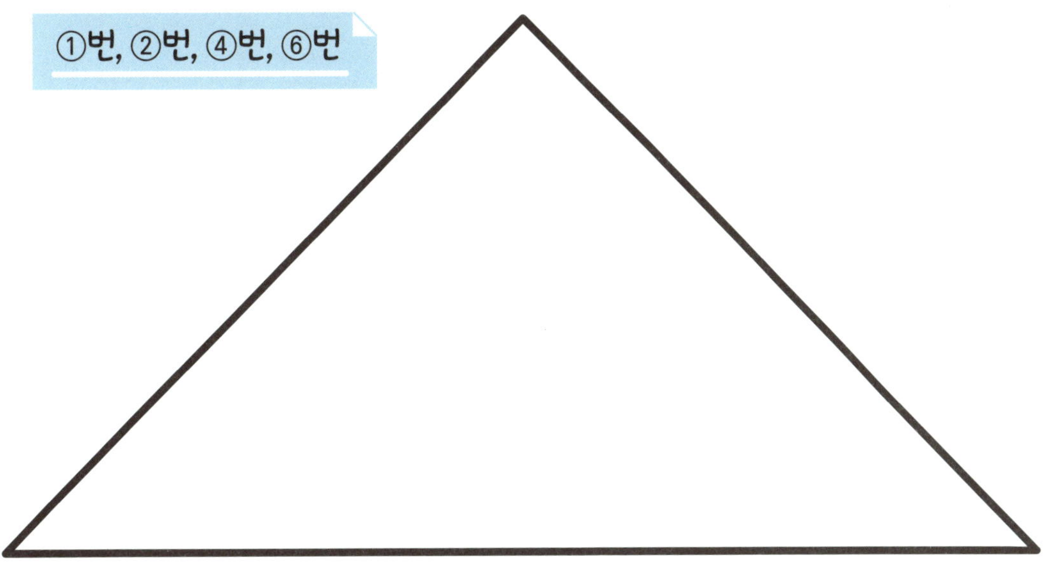

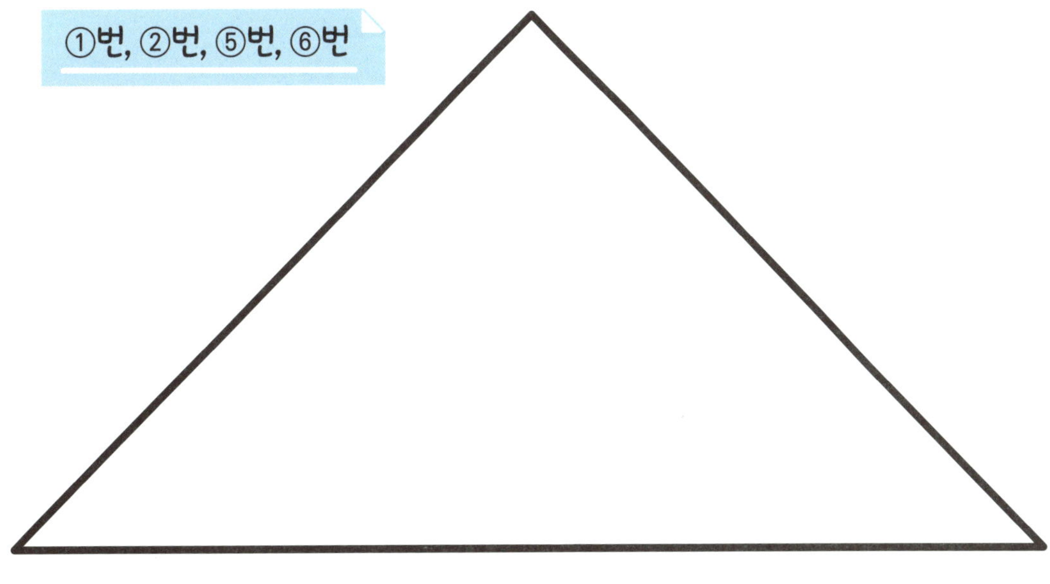

학부모 가이드 Point

변의 개수, 각의 개수와 같은 삼각형의 특징에 대해 이야기할 수 있도록 해주세요.

3 네 조각으로 모양 만들기

 ①번, ③번, ④번, ⑤번 **조각**을 사용하여 다음 모양을 각각 만들어 보세요.

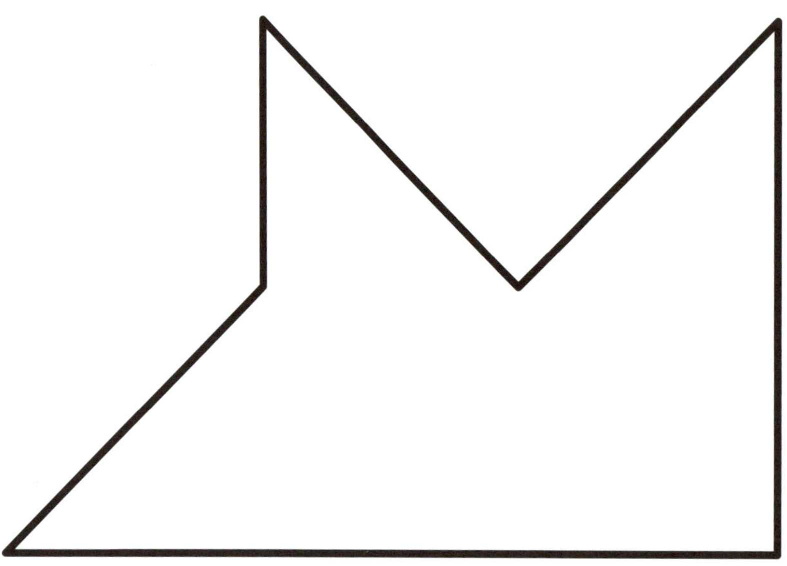

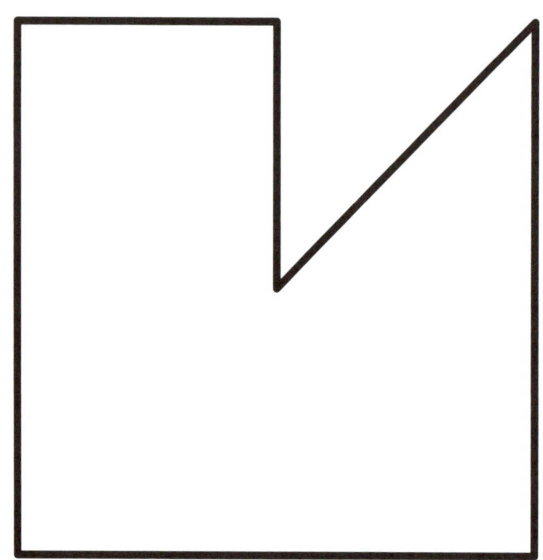

 학부모 가이드

주어진 조각을 돌리거나 뒤집으면서 위치를 바꾸어 주어진 모양을 만들 수 있도록 해주세요.
참고로, 두 모양은 모두 세 조각으로도 만들 수 있습니다.

수학적 창의력을 키우는 활동학습 **JOYMATH**

 ①번, ③번, ⑤번, ⑥번 **조각**을 사용하여 다음 모양을 각각 만들어 보세요.

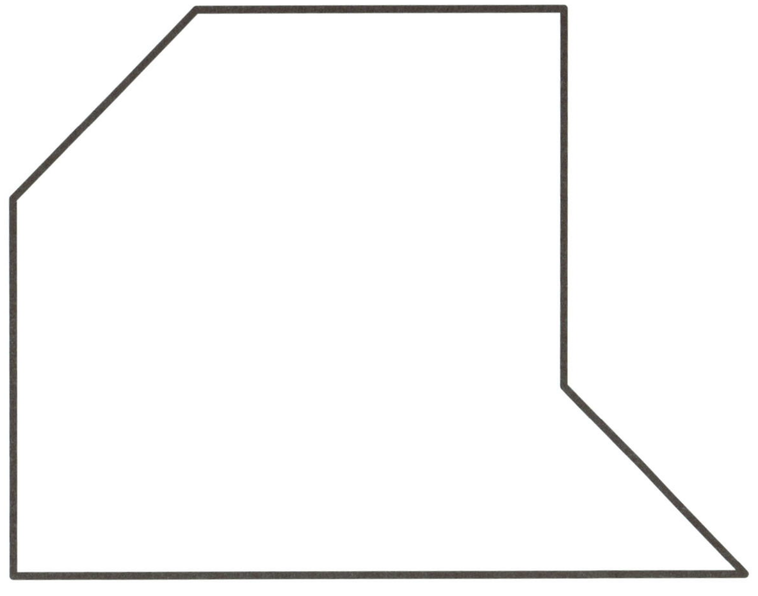

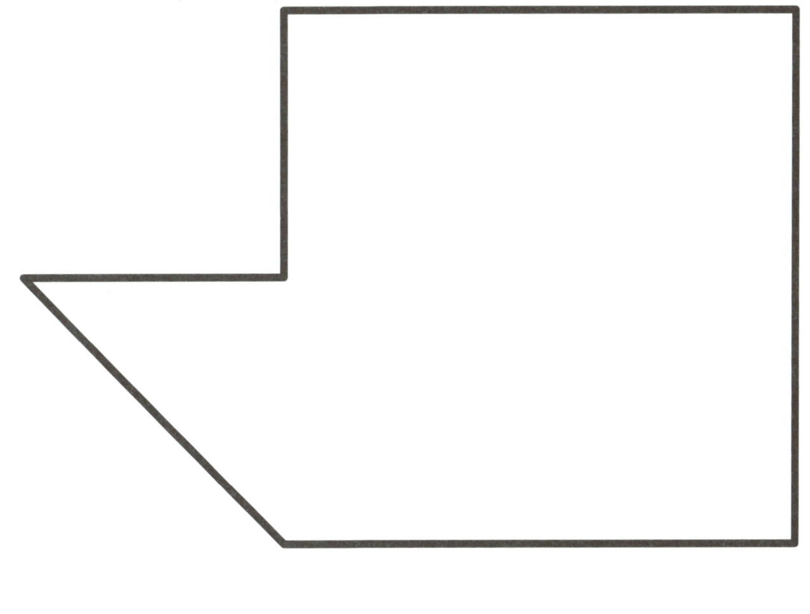

 **학부모 가이드**

두 모양은 모두 ①번, ③번, ④번, ⑥번 조각으로도 만들 수 있습니다. 다른 방법으로 만드는 활동에 도전할 수 있도록 해주세요.

4 사각형 만들기

주어진 조각을 사용하여 다음 사각형을 만들어 보세요.

Joymath … 칠교판(활동학습) 수준2

①번, ②번, ③번, ④번

①번, ②번, ③번, ⑥번, ⑦번

학부모 가이드

사각형은 초등학교 1~2학년군에서 배우는 내용으로, 오른쪽 그림과 같은 모양의 도형을 말합니다.

 주어진 조각을 사용하여 다음 사각형을 만들어 보세요.

①번, ②번, ④번, ⑥번, ⑦번

①번, ②번, ⑤번, ⑥번, ⑦번

학부모 가이드

변의 개수, 각의 개수와 같은 사각형의 특징에 대해 학생이 이야기할 수 있도록 해주세요.

5 다섯 조각으로 모양 만들기

다음 모양을 다섯 조각을 사용하여 만들고, 사용한 조각의 번호를 쓰세요.

사용한 조각의 번호

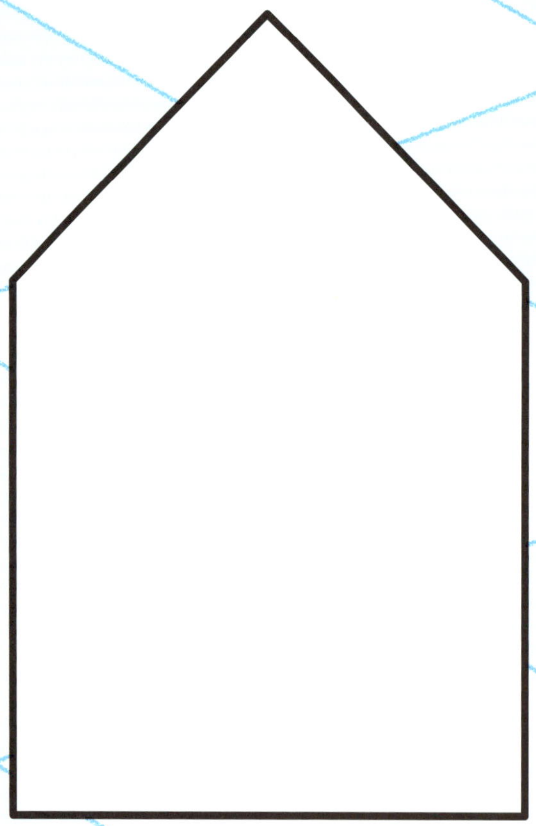

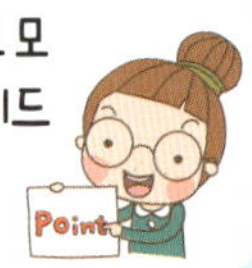

이 모양은 오각형이라고 하고, 초등학교 3~4학년군에서 배웁니다.
세 조각과 네 조각으로도 만들 수 있습니다.

다음 모양을 다섯 조각을 사용하여 만들고, 사용한 조각의 번호를 쓰세요.

사용한 조각의 번호

학부모 가이드

이 모양은 육각형이라고 하고, 초등학교 3~4학년군에서 배웁니다. 참고로, 이 모양을 다섯 조각으로 만들려면 ⑥번과 ⑦번 조각을 사용해야 합니다. 왜 그런지 학생들이 생각할 수 있도록 해주세요.

6 여섯 조각으로 모양 만들기

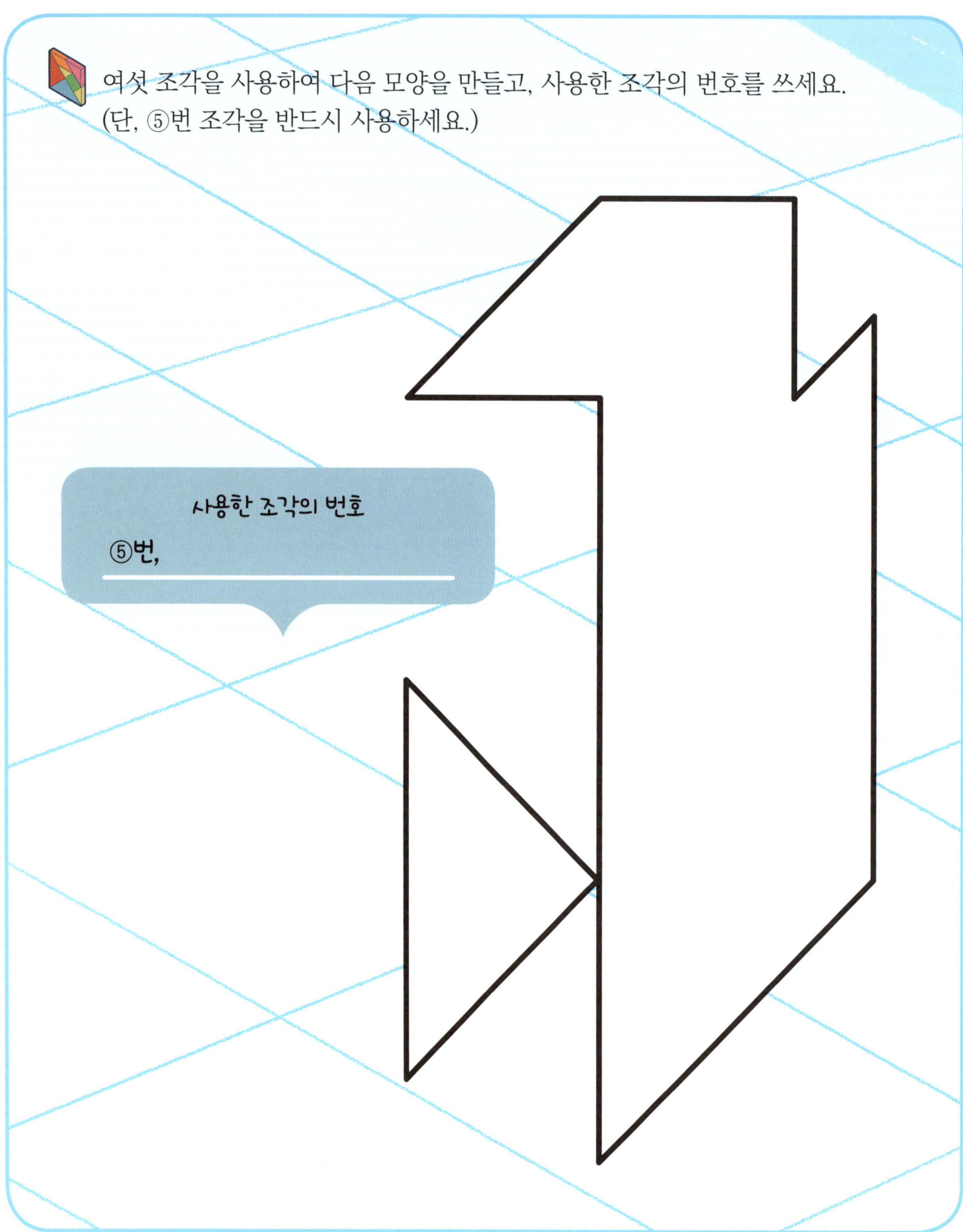

여섯 조각을 사용하여 다음 모양을 만들고, 사용한 조각의 번호를 쓰세요.
(단, ⑤번 조각을 반드시 사용하세요.)

… 칠교판(활동학습) 수준2

학부모 가이드

Point

만든 모양이 무엇으로 보이는지 이야기하고, 왜 그렇게 생각하는지 설명할 수 있도록 해주세요.

여섯 조각을 사용하여 다음 모양을 만들고, 사용한 조각의 번호를 쓰세요.
(단, ⑤번 조각을 반드시 사용하세요.)

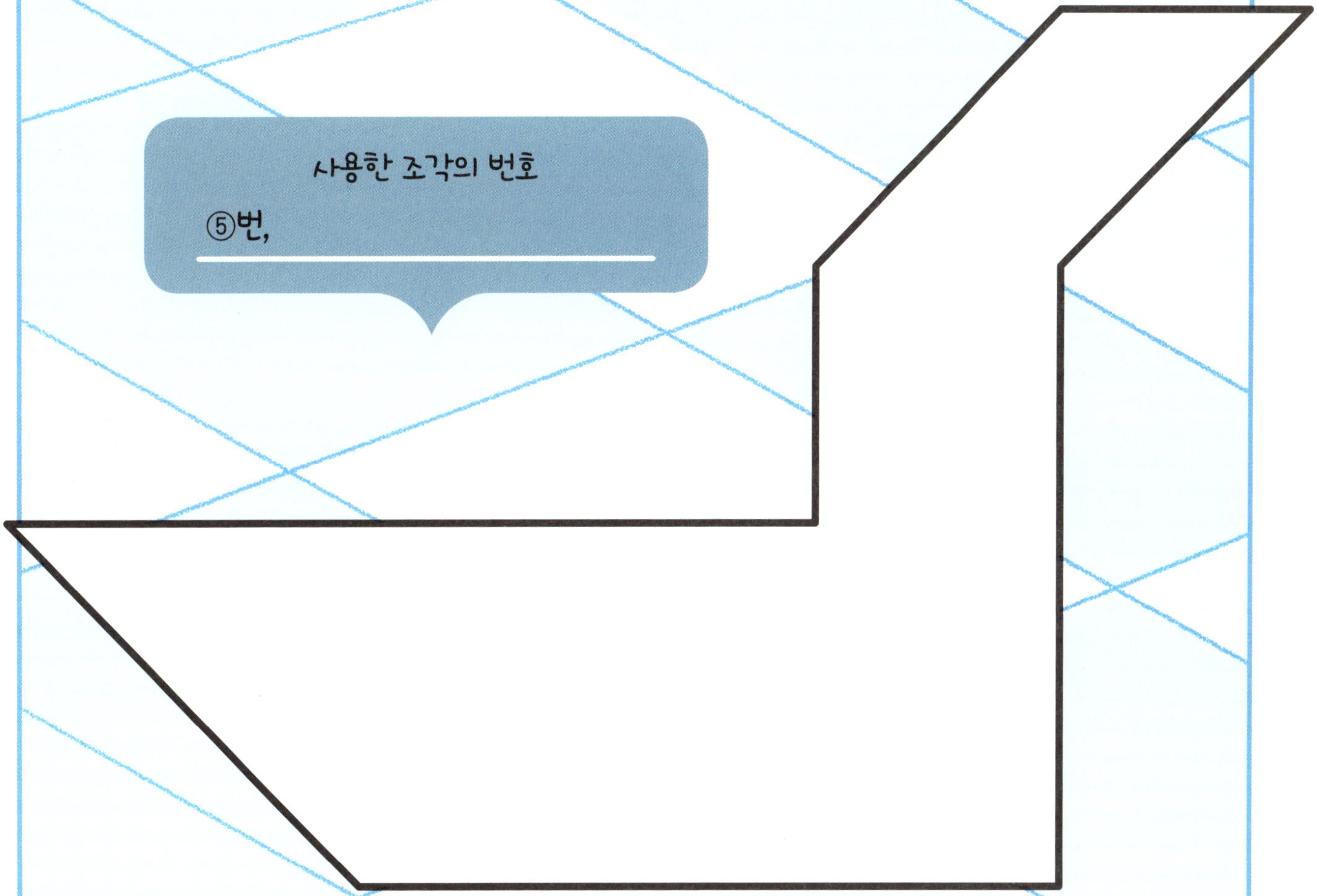

학부모 가이드

우리 주변에서 찾아볼 수 있는 여러 동물에 대해 이야기하고, 칠교판을 사용하여 만들 수 있도록 해주세요.

7 사용하지 않는 조각 찾기

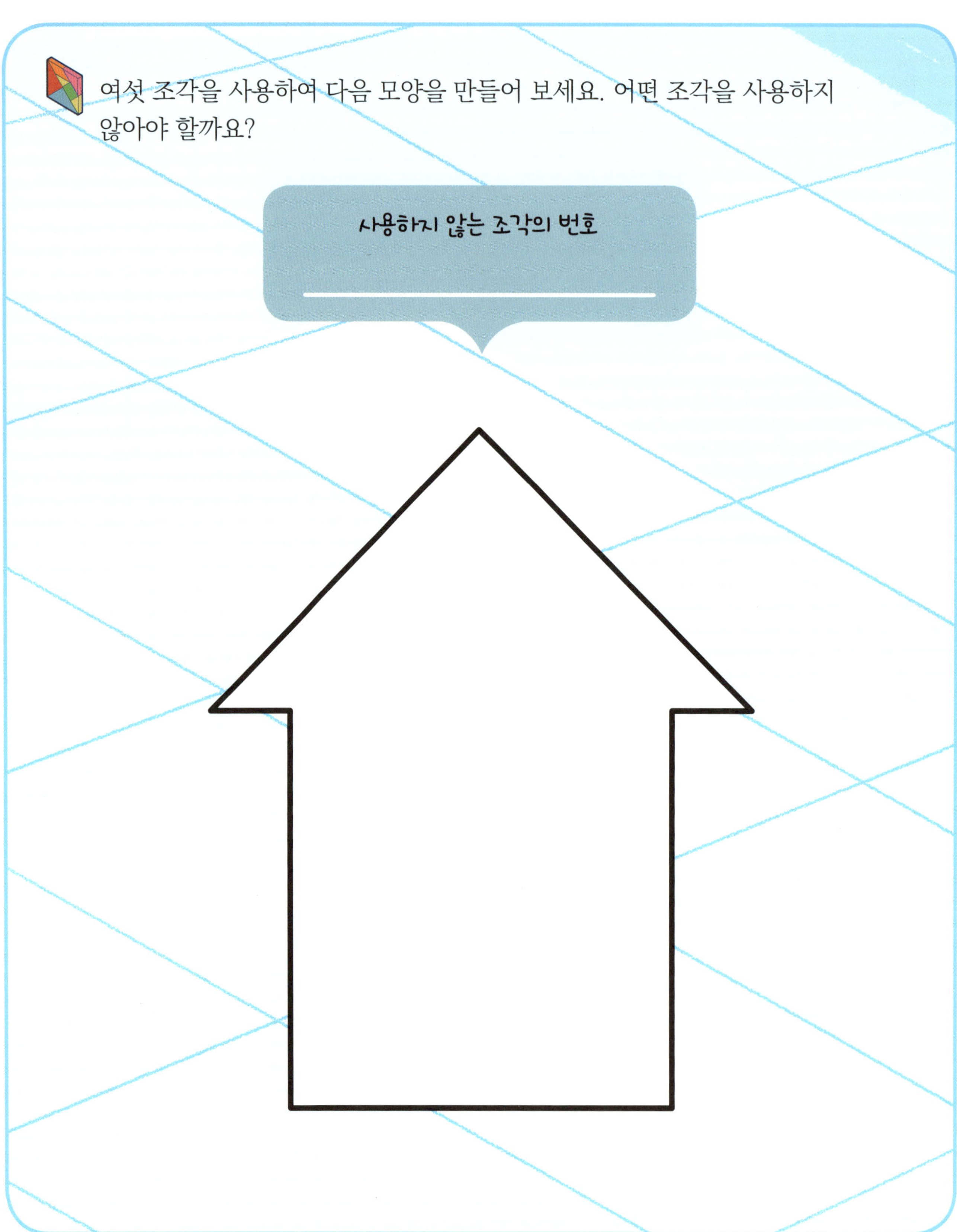

학부모 가이드

모양을 만들기 전에 어떤 조각을 사용하지 않을지 생각하고, 모양을 만든 후 생각이 맞는지 확인하게 해주세요.

여섯 조각을 사용하여 다음 모양을 만들어 보세요. 어떤 조각을 사용하지 않아야 할까요?

사용하지 않는 조각의 번호

____

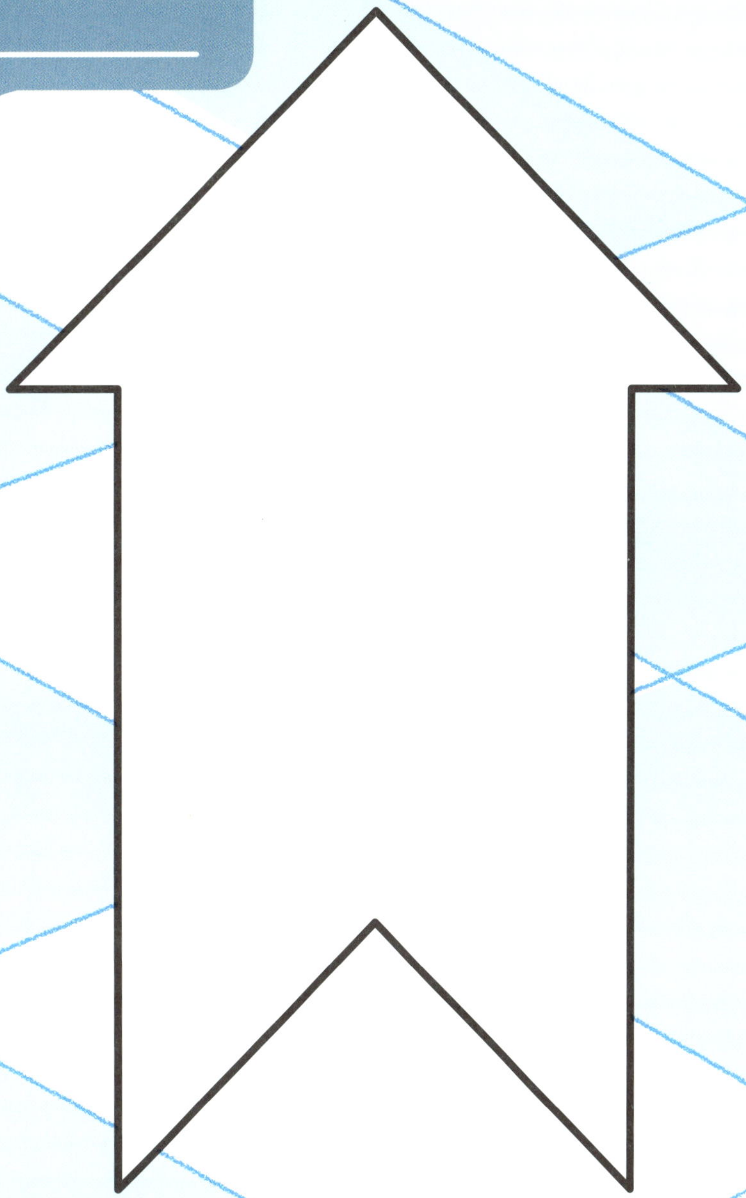

학부모 가이드

앞쪽의 모양과 비교하여 어떤 모양이 더 큰지 생각할 수 있도록 해주세요. 크기를 비교할 때에는 사용한 조각 중에서 같은 조각을 제외하고 남은 조각의 크기를 비교해 보세요.

8 운동 경기

 칠교판 일곱 조각을 사용하여 다음 운동 경기를 하는 사람 모양을 만들어 보세요.

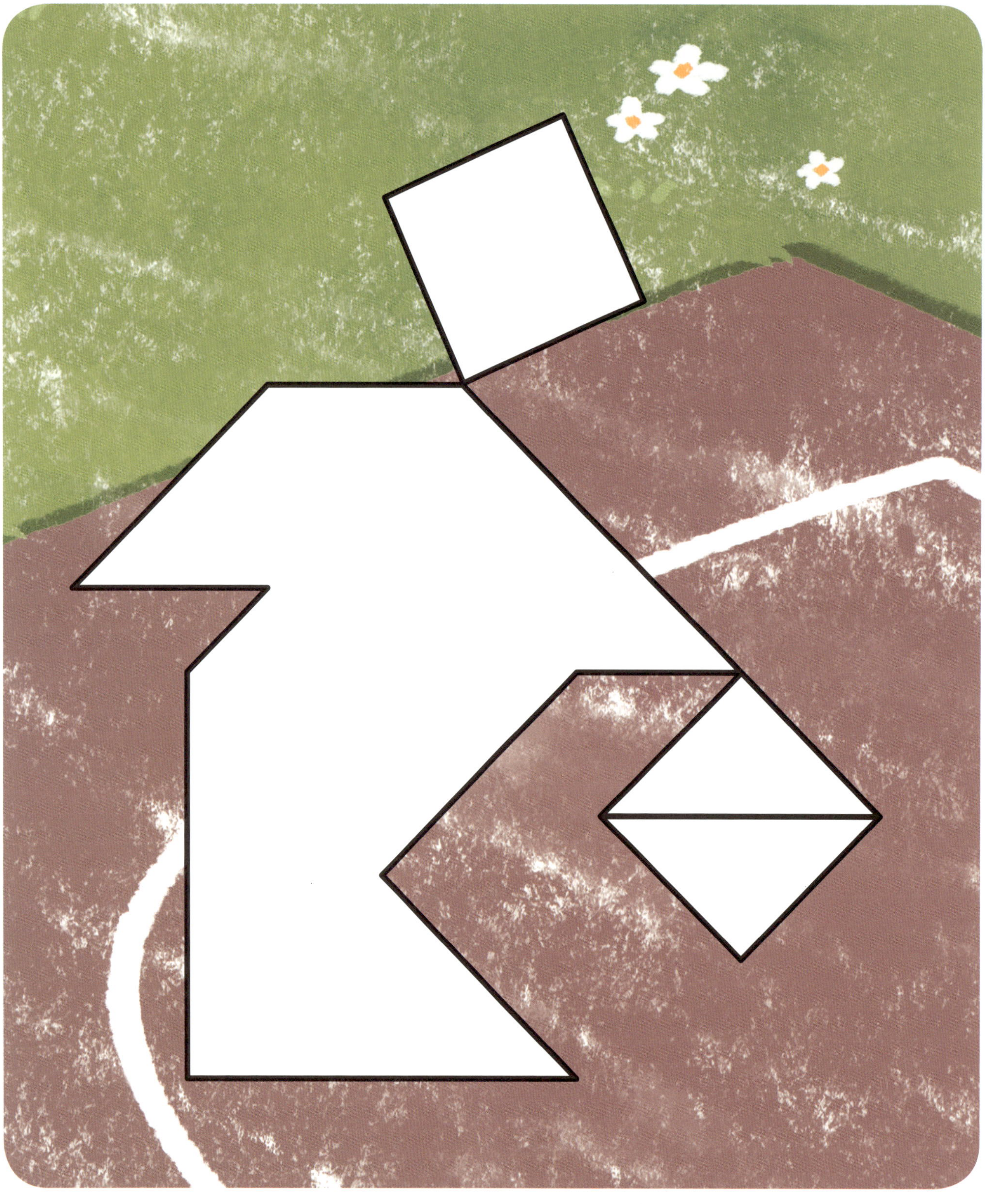

 칠교판 일곱 조각을 사용하여 다음 운동 경기를 하는 사람 모양을 만들어 보세요.

학부모
가이드

칠교판을 사용하여 다양한 운동 경기를 하는 사람 모양을 만들 수 있도록 해주세요.

9 과일 나라

 칠교판 일곱 조각을 모두 사용하여 다음 모양을 만들고, 만든 모양이 어떤 과일로 보이는지 이야기해 보세요.

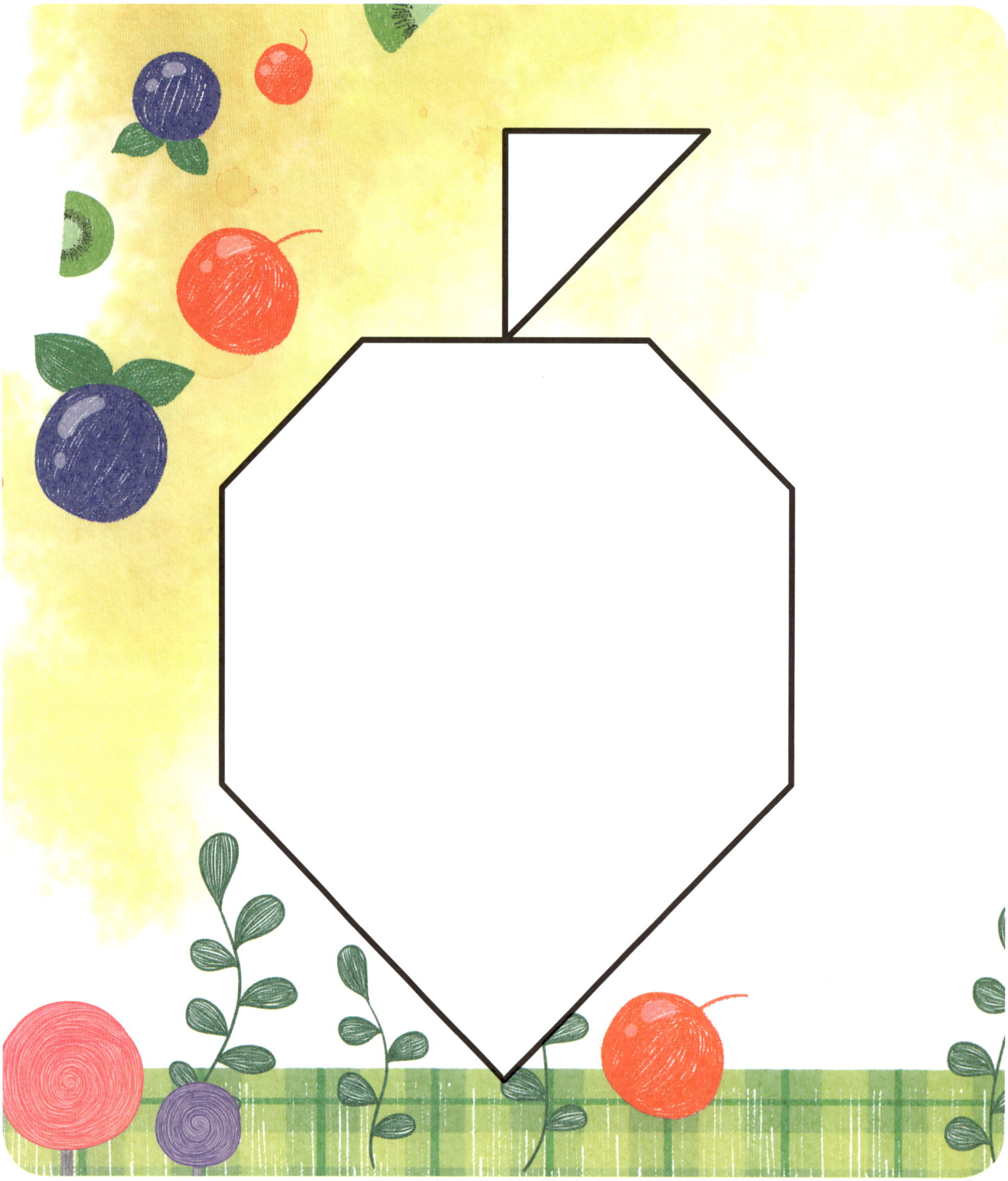

학생이 생각하는 과일의 특징과 만든 모양을 비교하며 왜 그렇게 생각하는지 말할 수 있도록 해주세요.

 칠교판 일곱 조각을 모두 사용하여 다음 모양을 만들고, 만든 모양이 어떤 과일로 보이는지 이야기해 보세요.

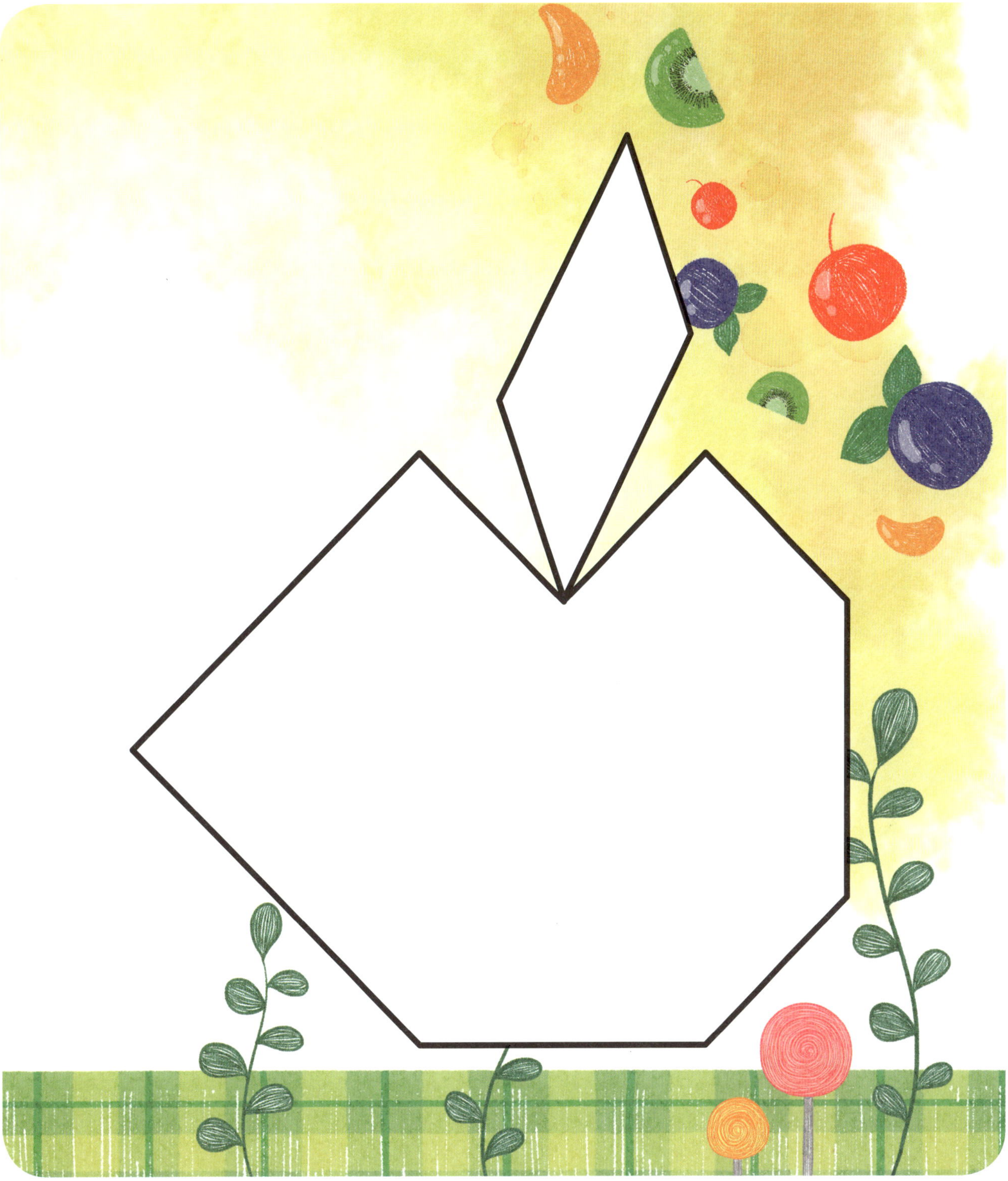

③번, ④번, ⑤번 조각의 위치를 바꾸면, 다양한 방법으로 모양을 만들 수 있습니다.

 10 바다에 사는 동물

칠교판 일곱 조각을 모두 사용하여 바다에 사는 동물 모양을 만들어 보세요.

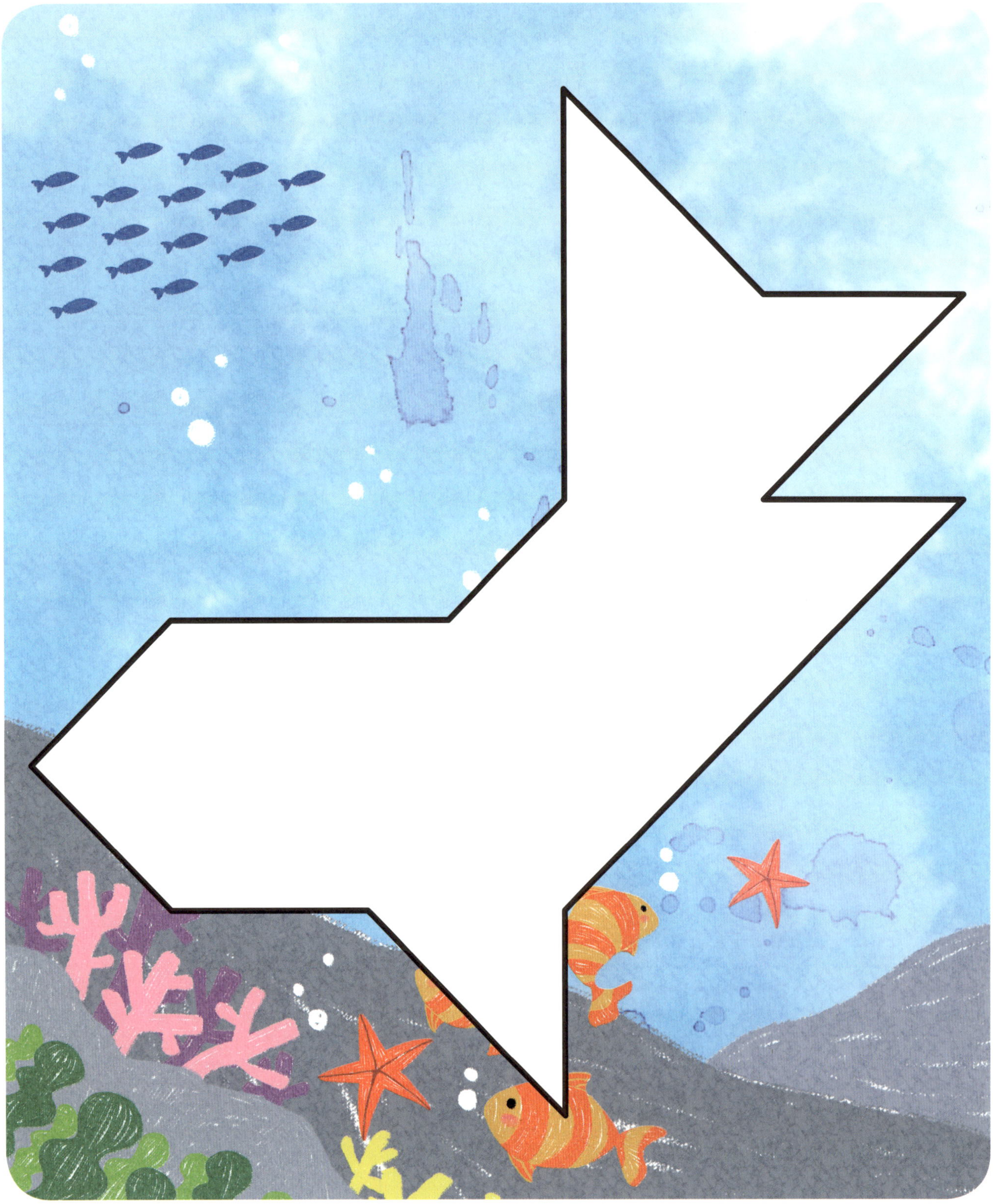

 학부모 가이드

 칠교판 일곱 조각을 모두 사용하여 바다에 사는 동물 모양을 만들어 보세요.

수학적 창의력을 키우는 활동학습 JOYMATH

학부모 가이드

학생이 흥미를 느끼는 경우 다양한 동물 모양을 만들 수 있도록 해주세요.

11 놀이터

칠교판 일곱 조각을 모두 사용하여 다음 모양을 만들어 보세요. 만든 모양이
무엇으로 보이는지 이야기해 보세요.

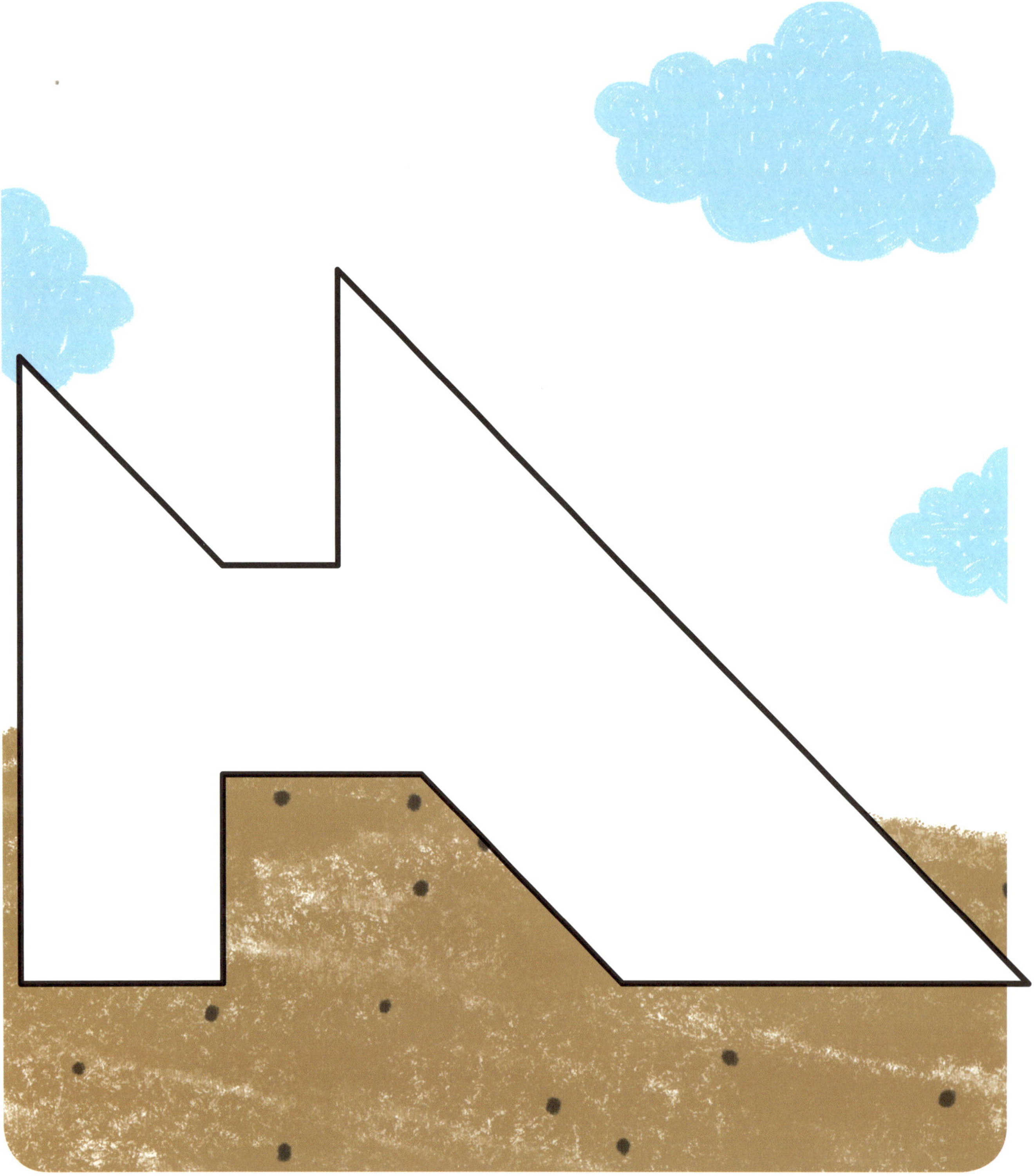

놀이터에 있는 기구 중 어떤 것과 같은지 이야기할 수 있도록 해주세요. 또한, 사용하는 각 조각을
어디에 놓아야 하는지 차근차근 생각할 수 있도록 격려해 주세요.

 칠교판 일곱 조각을 모두 사용하여 다음 모양을 만들어 보세요. 만든 모양이 무엇으로 보이는지 이야기해 보세요.

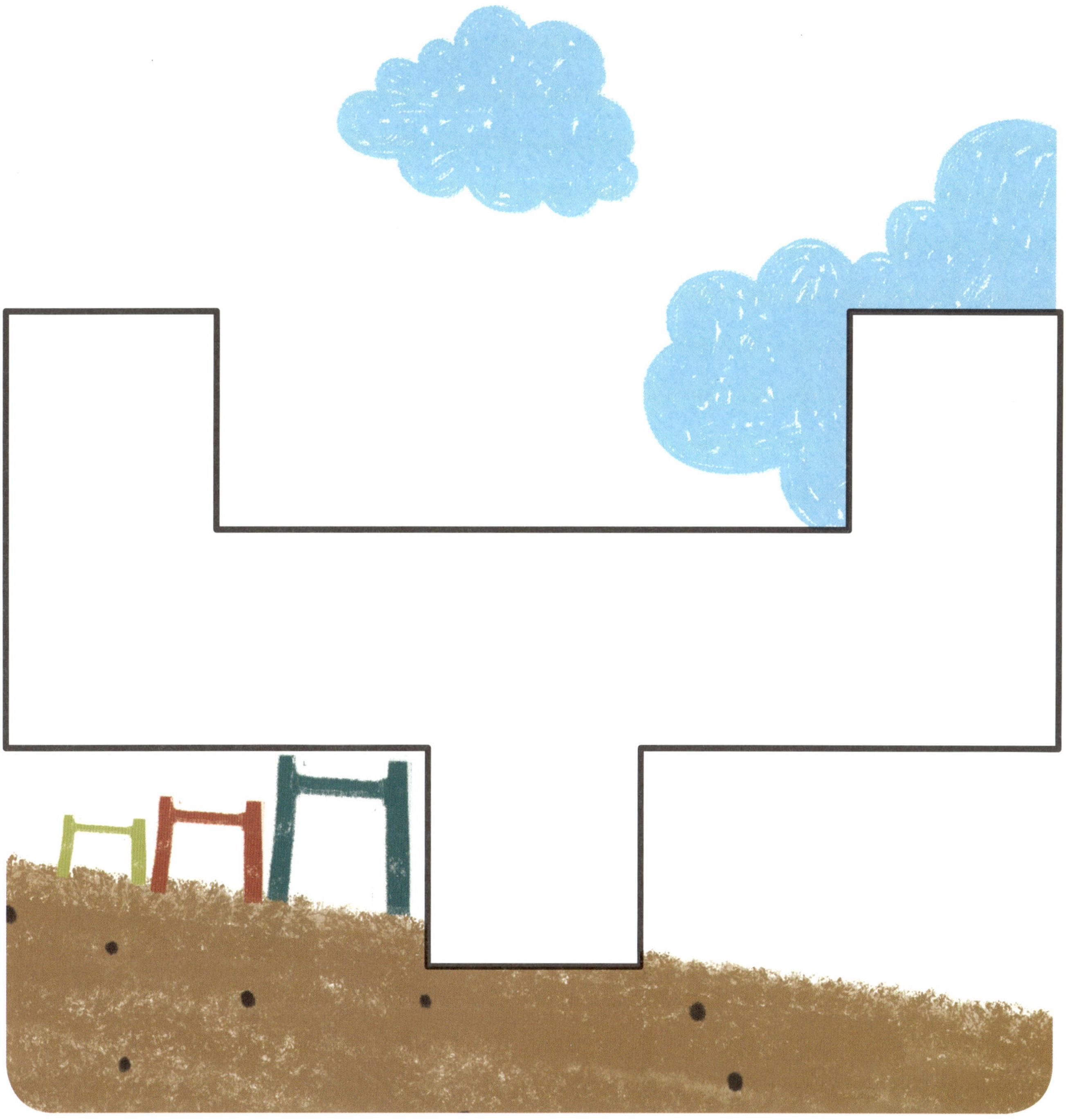

놀이터를 상상하며 다른 놀이기구도 만들 수 있도록 해주세요.

 12 축구 경기

칠교판 일곱 조각을 모두 사용하여 다음 모양을 만들어 보세요.

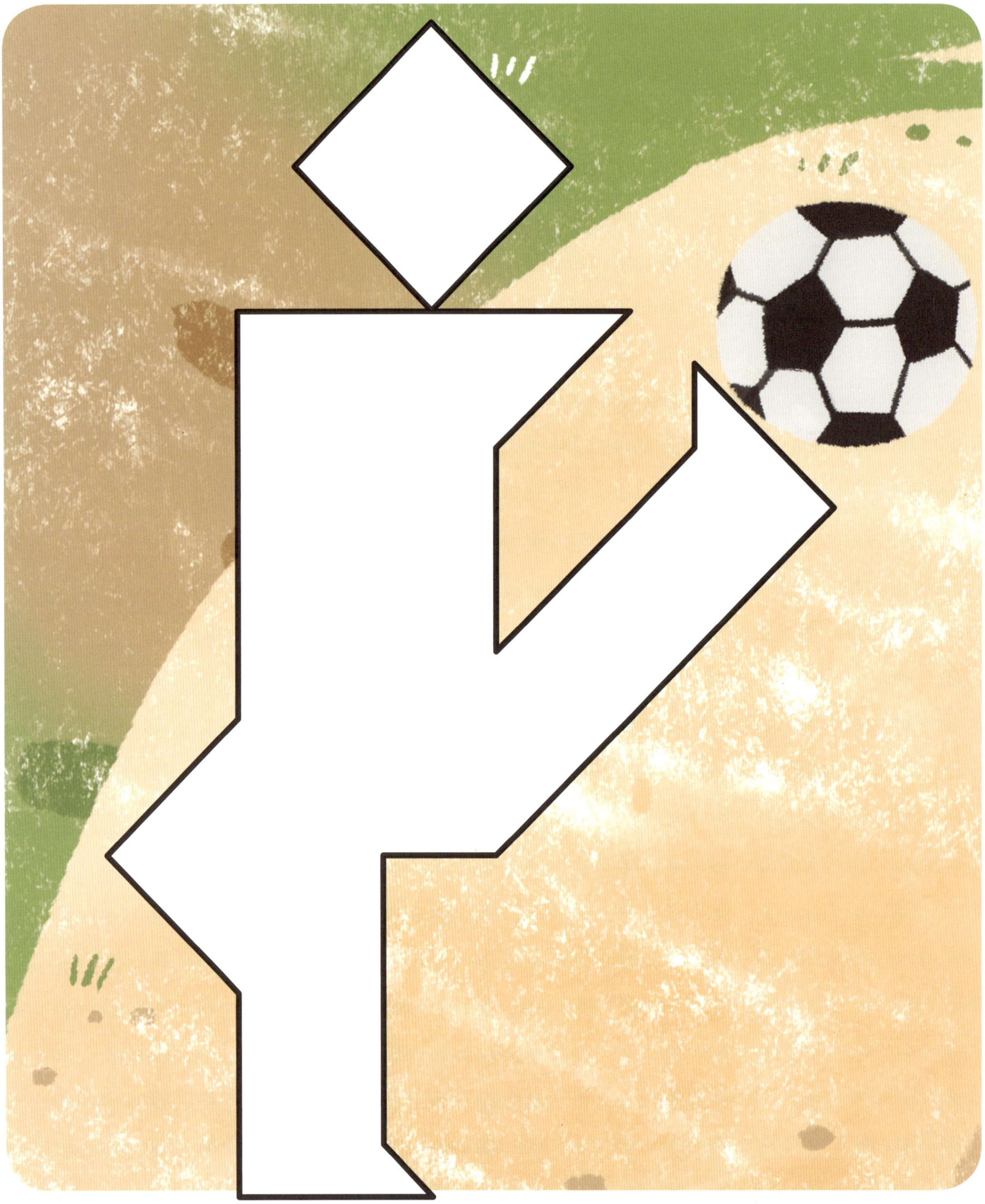

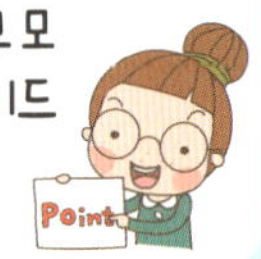

만든 모양이 무엇을 하는 것으로 보이는지 설명할 수 있도록 해주세요.

 칠교판 일곱 조각을 모두 사용하여 다음 모양을 만들어 보세요.

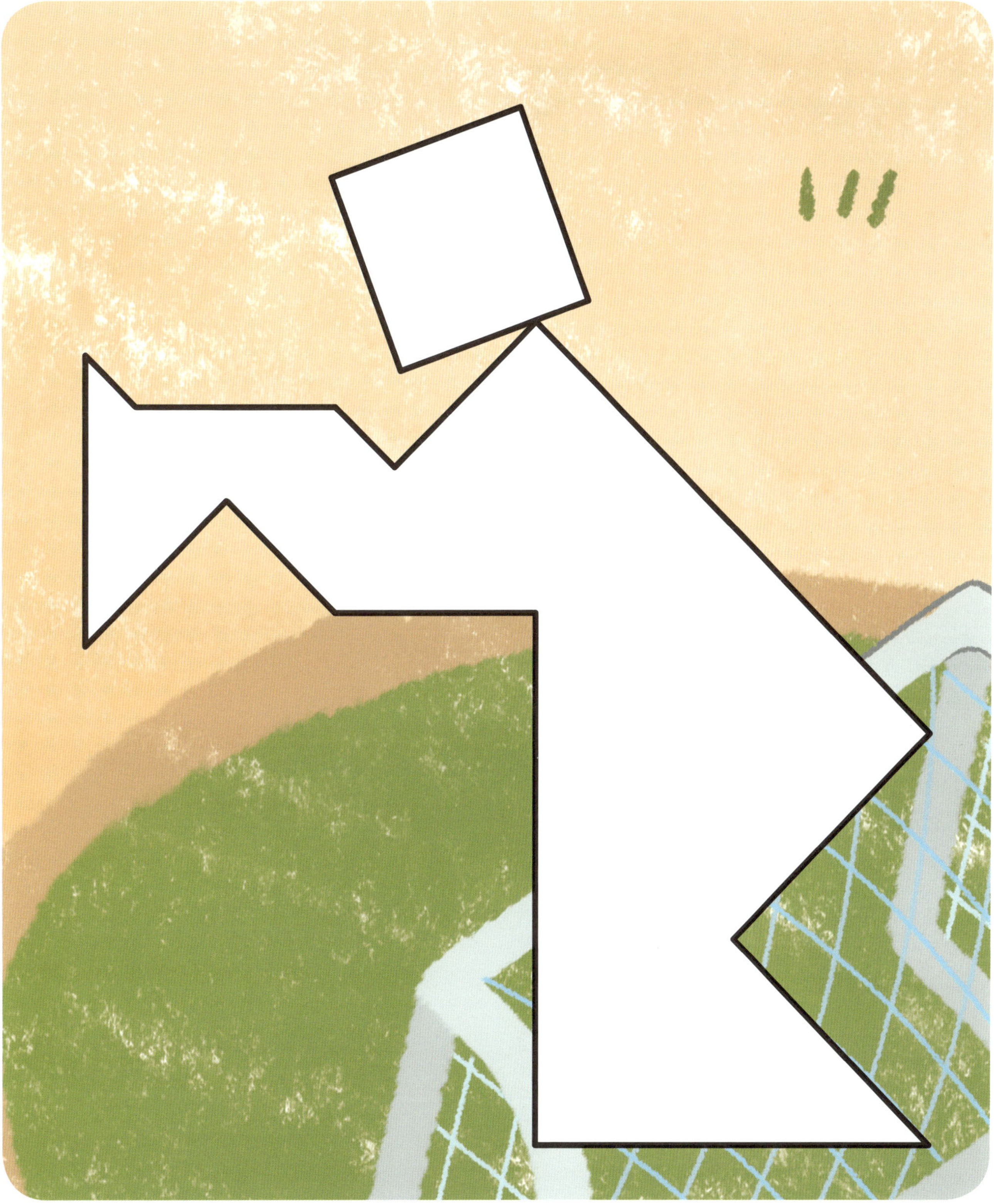

칠교판을 사용하여 다양한 사람 모양을 만들고, 무엇을 하는 것인지 이야기할 수 있도록 해주세요.

13 날아다니는 동물

칠교판 일곱 조각을 모두 사용하여 새 모양을 만들어 보세요.

학부모
가이드
Point!

만든 모양이 어떤 종류의 새로 보이는지 이야기해 보세요. 또한, 자신이 생각하는 새에 대한 여러 가지
특징을 이야기해 보세요.

 칠교판 일곱 조각을 모두 사용하여 새 모양을 만들어 보세요.

학부모 가이드 Point

학생이 다양한 새 모양을 만들고, 만든 모양의 특징을 이야기할 수 있도록 해주세요.

14 삼각형과 사각형

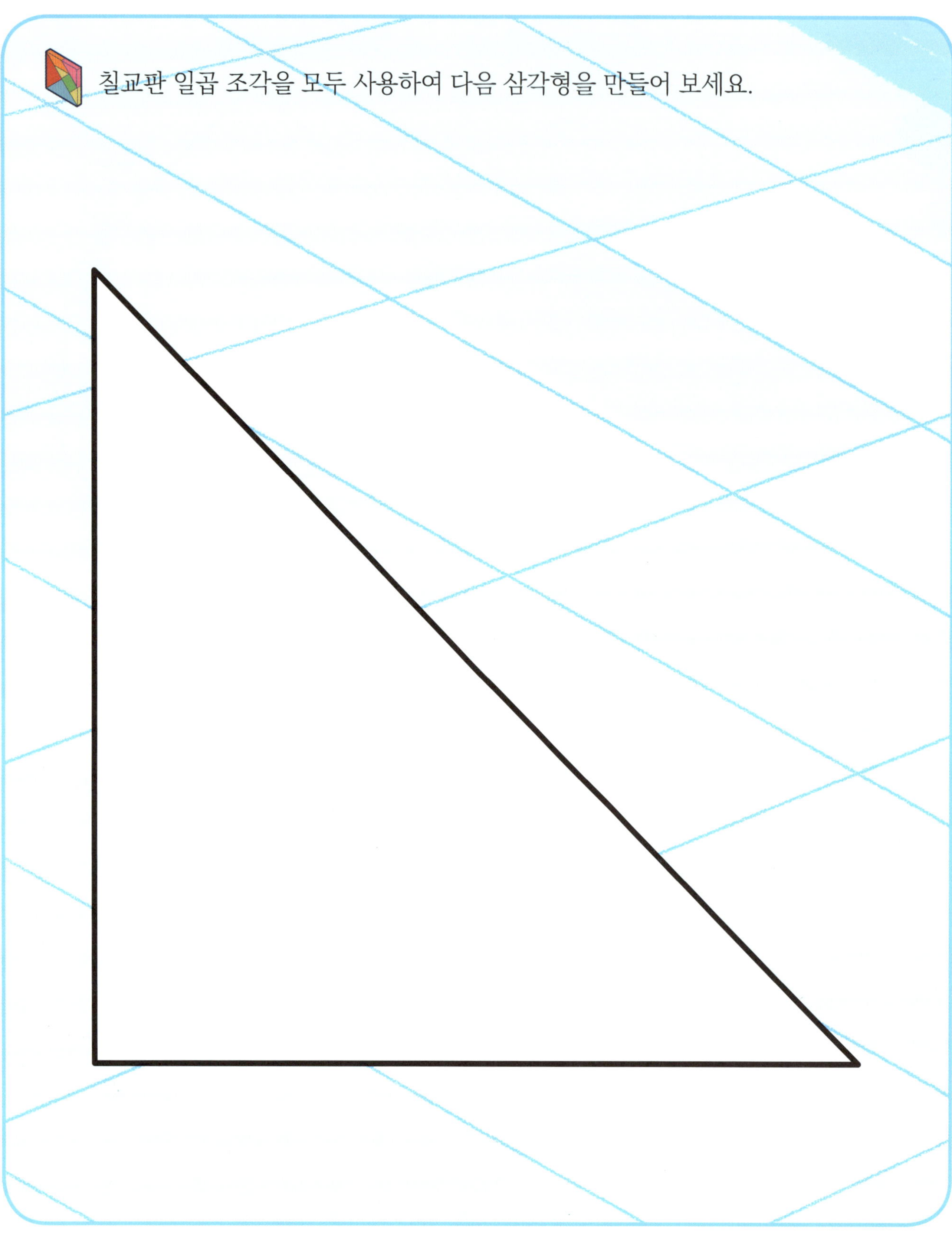

학부모 가이드

칠교판 일곱 조각으로 만들 수 있는 가장 큰 삼각형입니다.
만든 삼각형은 직각삼각형이고, 또한 이등변삼각형입니다.

칠교판 일곱 조각을 모두 사용하여 다음 사각형을 만들어 보세요.

학부모 가이드

칠교판 일곱 조각으로 만들 수 있는 가장 큰 사각형입니다.
만든 사각형은 정사각형이고, 또한 마름모입니다.

한글 자음을 이용한 초성 퀴즈

 칠교판 일곱 조각을 모두 사용하여 다음 'ㄷ'자 모양을 만들어 보세요.

학부모 가이드

칠교판을 사용하여 다양한 자음 모양을 만들고, 만든 자음을 초성으로 갖는 여러 가지 낱말(예를 들어, 돌, 담 등)을 말해 보세요.

 칠교판 일곱 조각을 모두 사용하여 다음 'ㅈ'자 모양을 만들어 보세요.

학부모 가이드

앞쪽의 자음과 연결하여 'ㄷ ㅈ'을 초성으로 갖는 다양한 낱말(예를 들어, 대장, 다정 등)을 말해 보세요. 학생이 흥미를 느끼는 경우 부모님과 다양한 초성을 사용하여 초성 퀴즈 게임을 해보세요.

 칠교판 일곱 조각을 모두 사용하여 다음 동물 모양을 만들어 보세요.

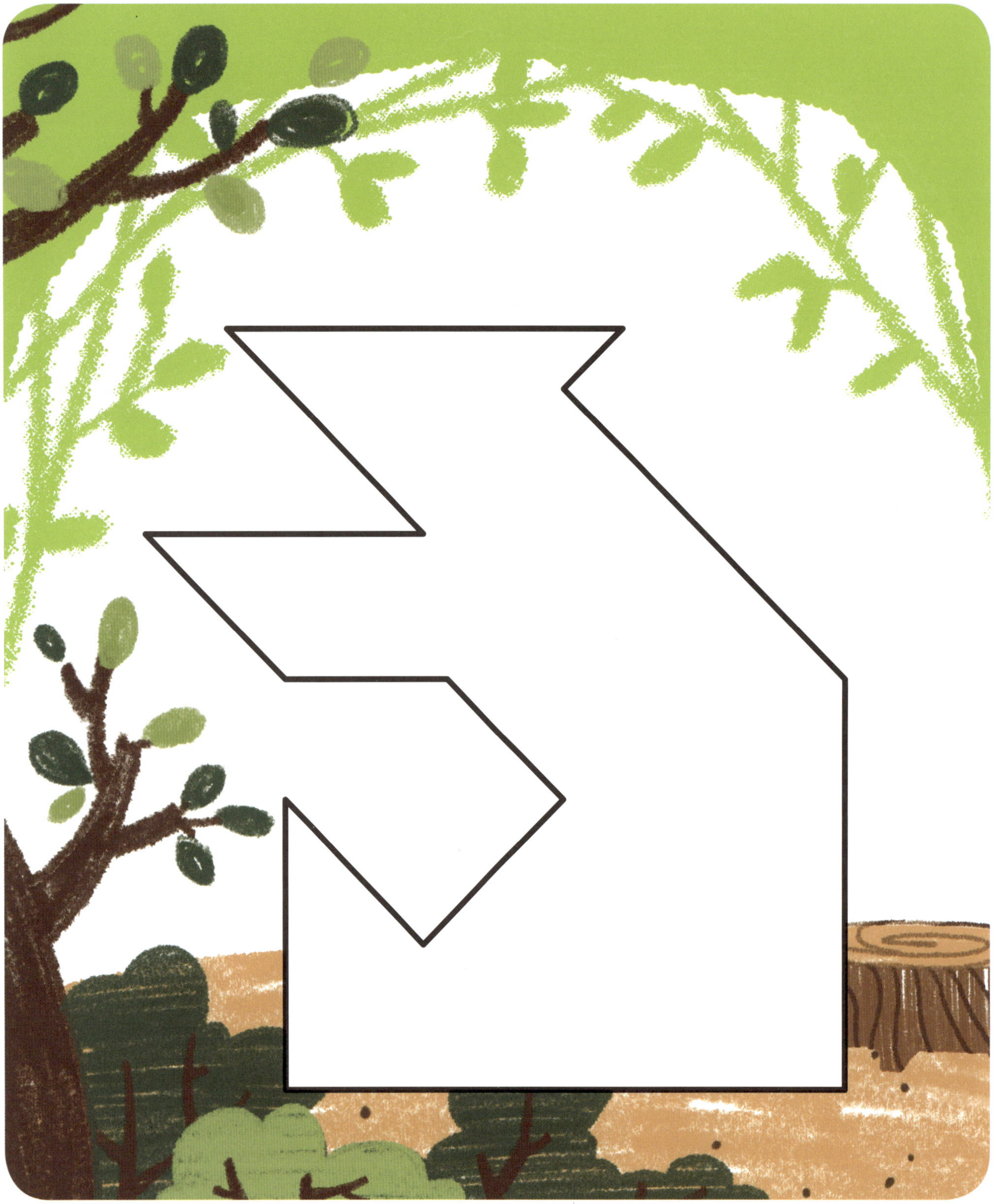

칠교판

 칠교판 일곱 조각을 모두 사용하여 다음 동물 모양을 만들어 보세요.

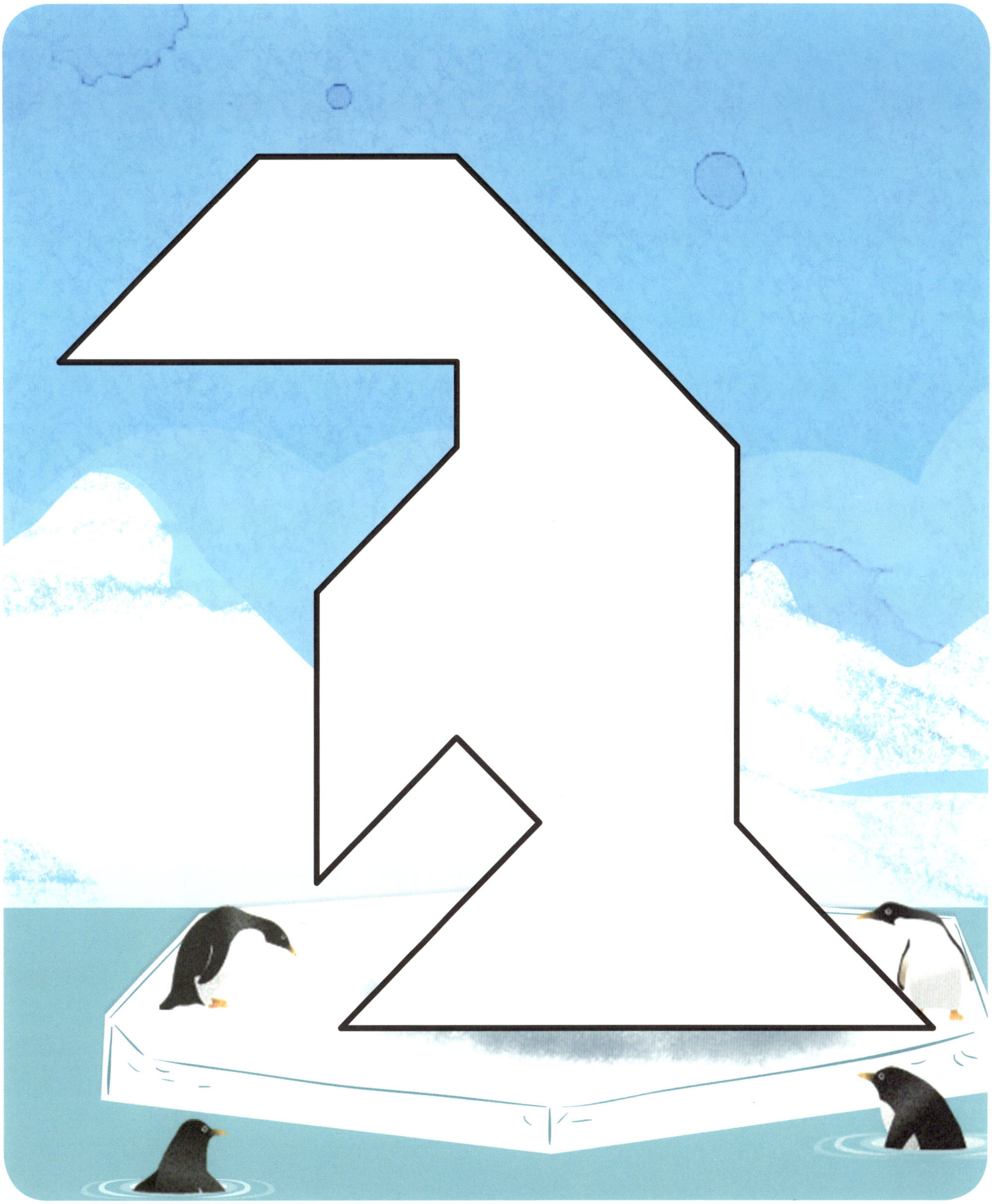

만든 동물의 특징을 설명하고, 이 동물에 관련된 경험이 있으면 이야기해 보도록 해주세요.

 17 숫자 모양 만들기

칠교판 일곱 조각을 모두 사용하여 다음 숫자 모양을 만들어 보세요.

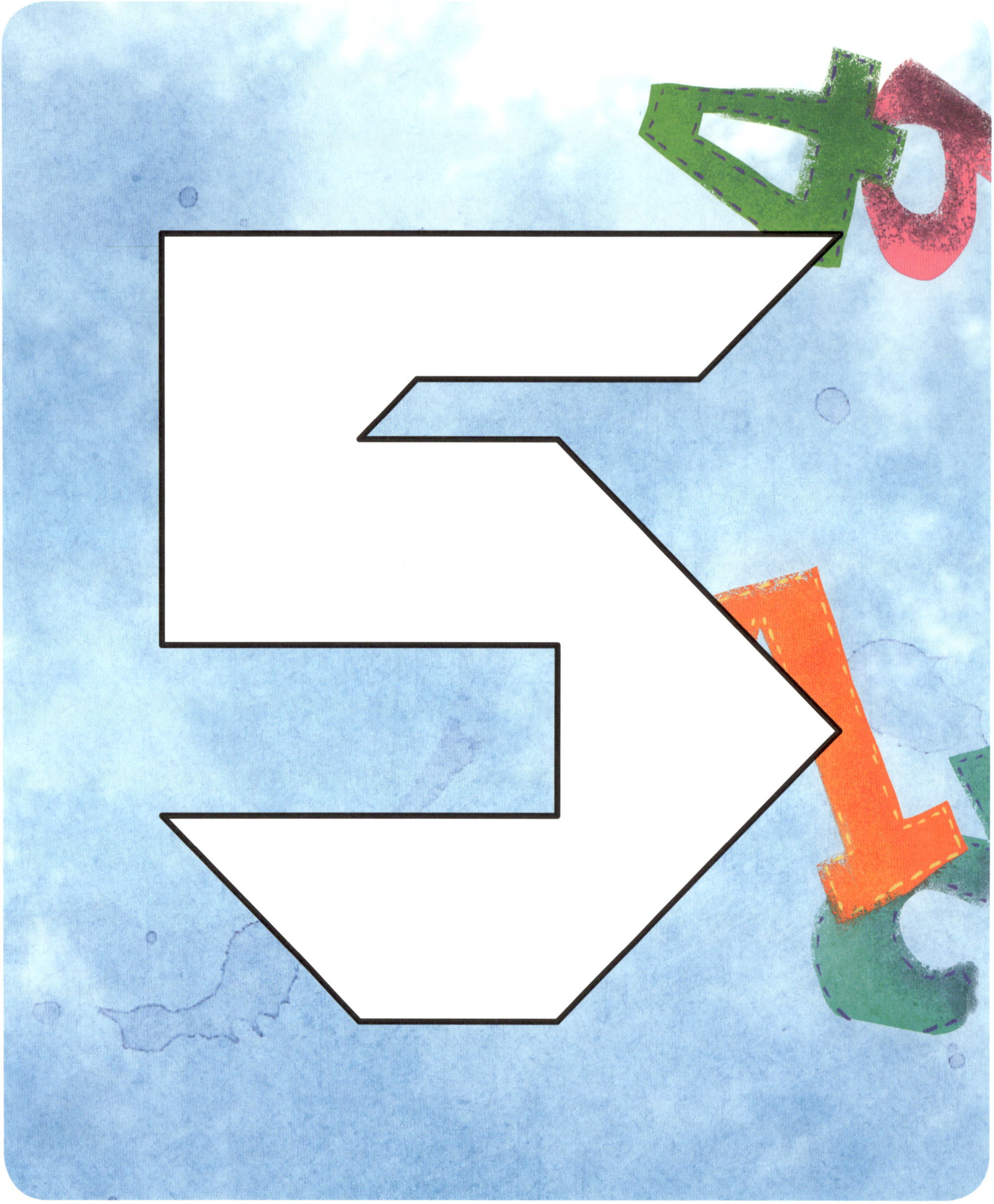

학생과 숫자를 세어보고 만든 모양이 어떤 숫자로 보이는지 이야기해 보세요.
또, 여러 가지 숫자 모양을 만드는 활동에 도전하게 해주세요.

 칠교판 일곱 조각을 모두 사용하여 다음 숫자 모양을 만들어 보세요.

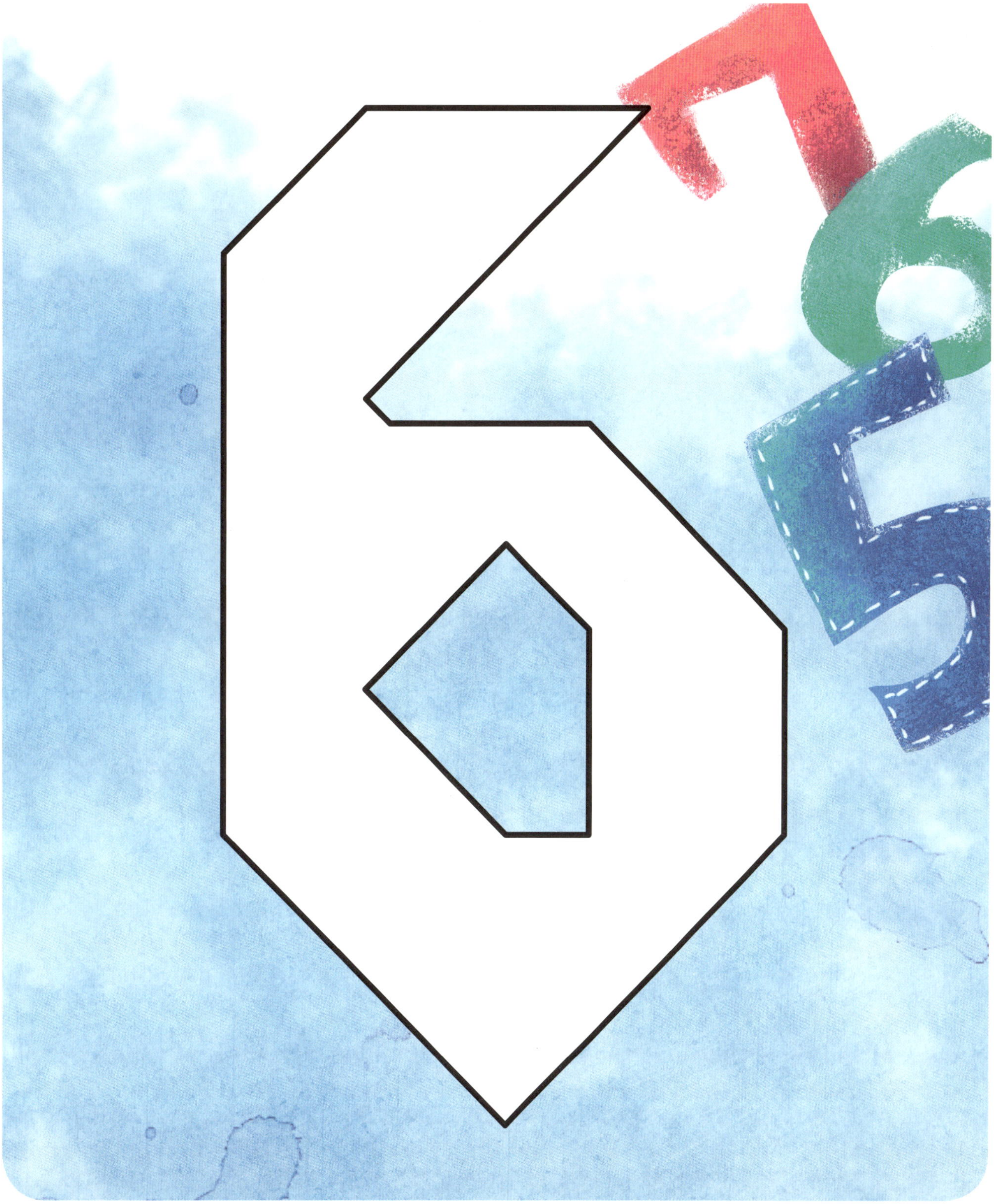

만든 두 숫자로 두 자리 수를 만들어 읽어보도록 해주세요.
칠교판을 사용하여 다양한 두 자리 수를 만들어 보세요.

18 전통 예술품

칠교판 일곱 조각을 모두 사용하여 다음 모양을 만들고, 만든 모양이 무엇으로 보이는지 이야기해 보세요.

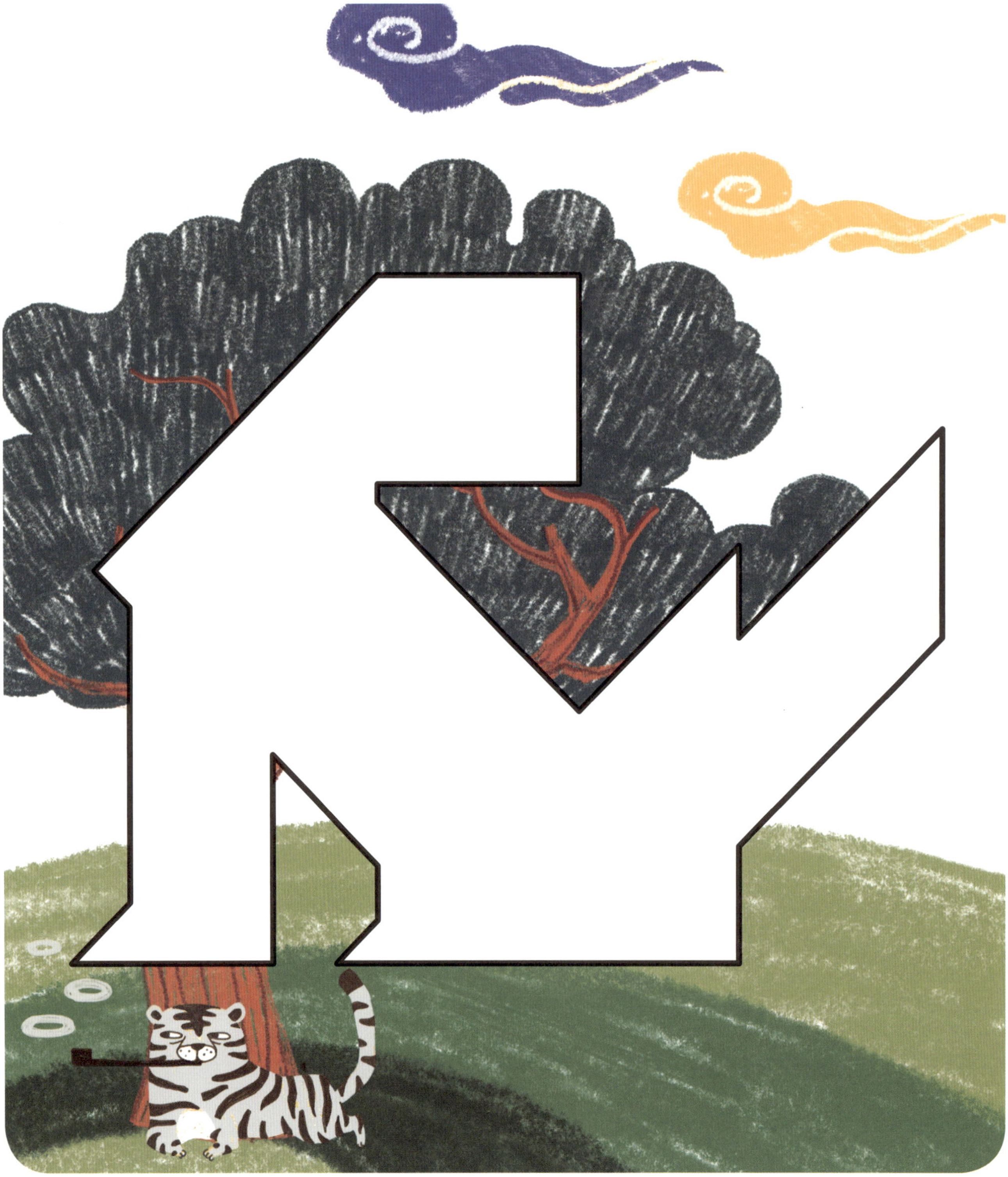

만든 모양이 무엇으로 보이는지 설명할 때, 만든 모양과 관련된 경험과 특징을 함께 이야기해 보세요.

 칠교판 일곱 조각을 모두 사용하여 다음 모양을 만들고, 만든 모양이 무엇으로 보이는지 이야기해 보세요.

학부모 가이드 Point

우리 주변의 전통 예술품과 관련된 다양한 모양을 만들고, 만든 모양의 특징을 설명할 수 있도록 해주세요.

19 영어 단어 만들기

 칠교판 일곱 조각을 모두 사용하여 다음 영어 알파벳을 만들어 보세요.

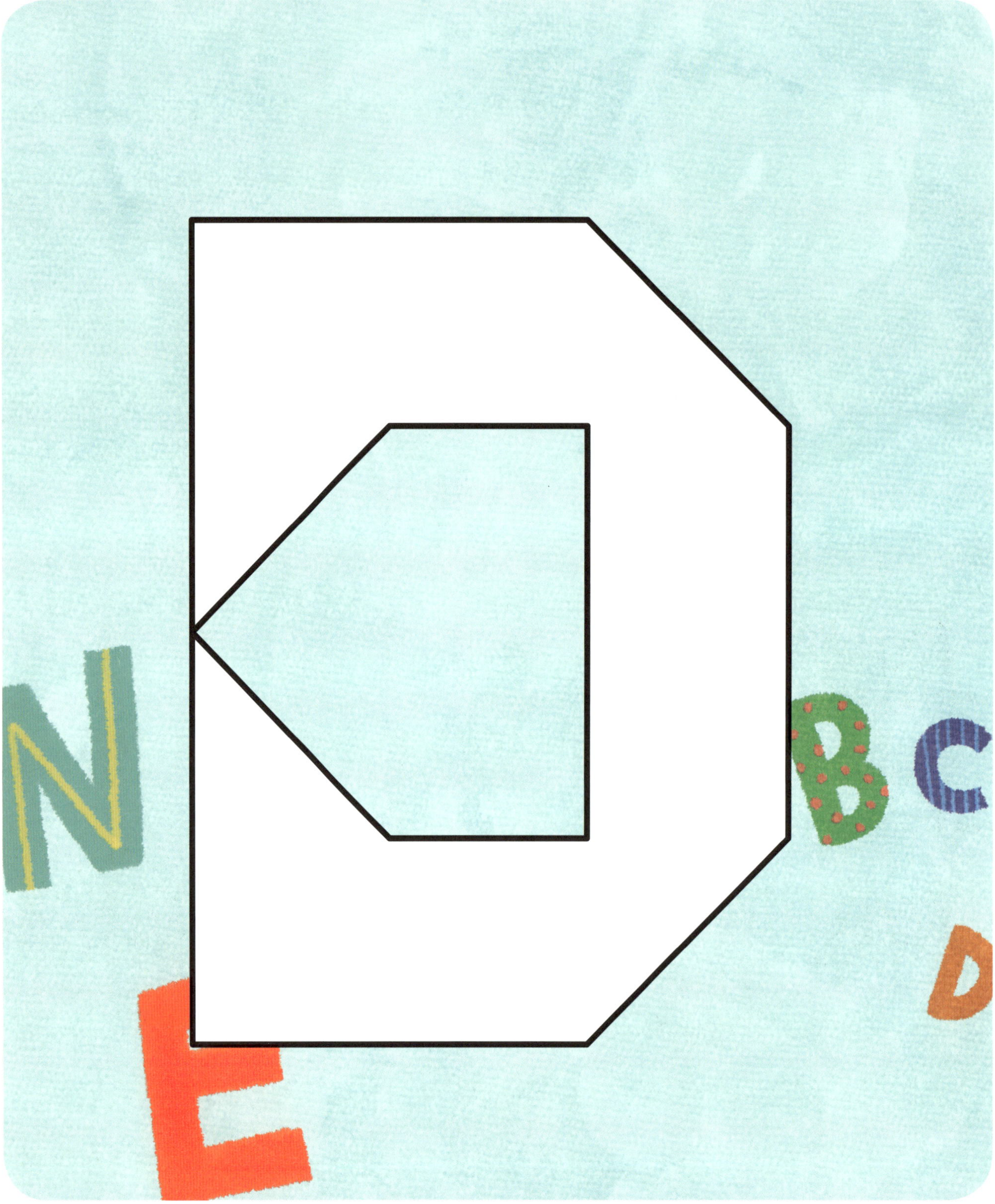

만든 모양이 어떤 영어 알파벳과 같아 보이는지 이야기해 보세요.
학생이 알파벳을 모르는 경우 영어 알파벳을 보여주고 어떤 것과 같은지 찾아보도록 해주세요.

 칠교판 일곱 조각을 모두 사용하여 다음 영어 알파벳을 만들어 보세요.

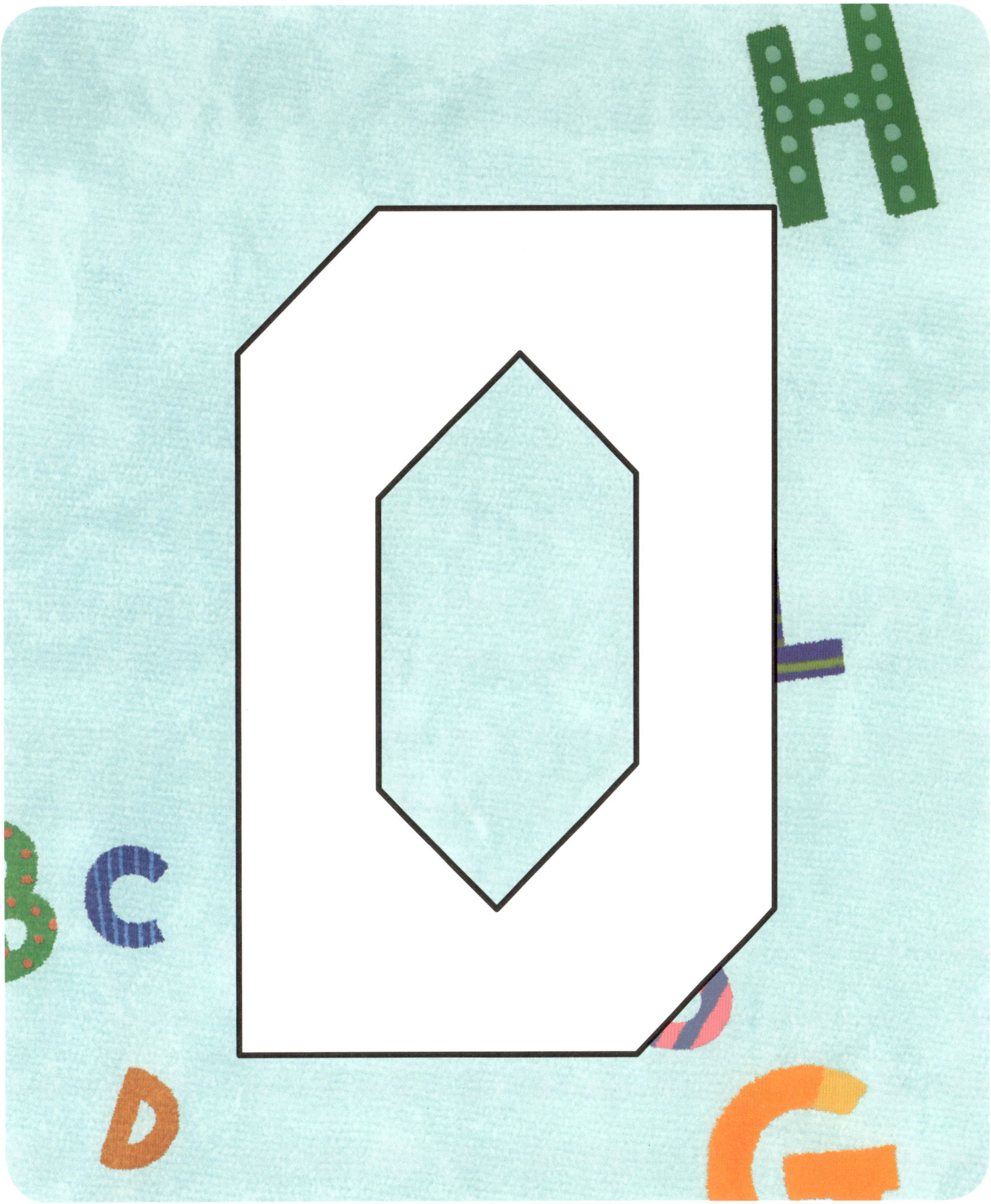

 참고로, 앞쪽의 영어 앞파벳과 연결하여 쓴 DO는 '하다', '일', '되어가다' 등의 뜻을 갖는 영어 단어
입니다. 학생과 다양한 영어 알파벳 모양을 만들고, 이를 연결하여 단어를 만들어 보세요.

 20 두 세트 중 여덟 조각 사용하기

칠교판 두 세트의 조각 중에서 **삼각형 모양의 여덟 조각**을 사용하여 다음 모양을 만들어 보세요.

··· 칠교판(활동학습) 수준2

사각형 조각을 사용하면 더 다양한 방법으로 모양을 만들 수 있습니다.
학생이 흥미를 느끼는 경우 이 활동에 도전할 수 있도록 해주세요.

칠교판 두 세트의 조각 중에서 **삼각형 모양의 네 조각**과 **사각형 모양의 네 조각**을 사용하여 다음 모양을 만들어 보세요.

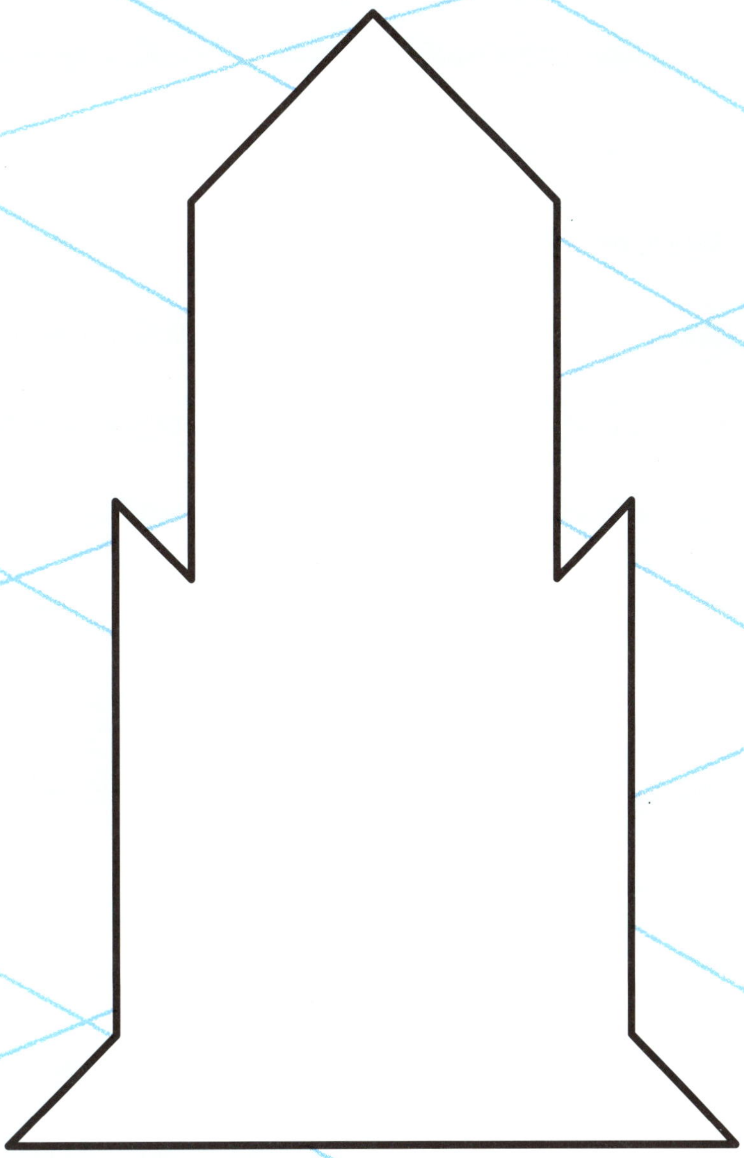

학부모 가이드

사용할 조각을 먼저 선택한 후 모양을 만들면 문제를 쉽게 해결할 수 있습니다. 이때, 사용할 수 없는 조각이 무엇인지 생각할 수 있도록 해주세요. 예를 들어, ⑥번과 ⑦번 조각은 사용할 수 없습니다.

21 현미경

칠교판 두 세트의 조각 14개를 모두 사용하여 다음 모양을 만들어 보세요.

학부모 가이드

Point

칠교판 두 세트를 모두 사용하는 것은 매우 어려운 문제입니다. 학생이 포기하지 말고, 도전할 수 있도록 독려해 주세요.

 칠교판 두 세트의 조각 14개를 모두 사용하여
다음 모양을 만들어 보세요.

학부모 가이드

Point

여기까지 모두 완성한 학생은 나중에 처음부터 다시 해보도록 하면서, 학생이 생각하는 방법이 어떻게
달라졌는지 관찰해 보세요. 학생이 만든 모양을 사진으로 찍어 비교해 보는 것도 좋은 방법이에요.

정답

칠교판

❶ 칠교판의 구성

칠교판은 삼각형 5개와 사각형 2개의 일곱 조각으로 구성됩니다.
다음에 알맞은 조각을 찾아 그림 위에 올려놓고, 알맞은 숫자 스티커를 교구에
붙여 보세요.

칠교판

알맞은 조각을 찾아 그림 위에 놓아보세요.

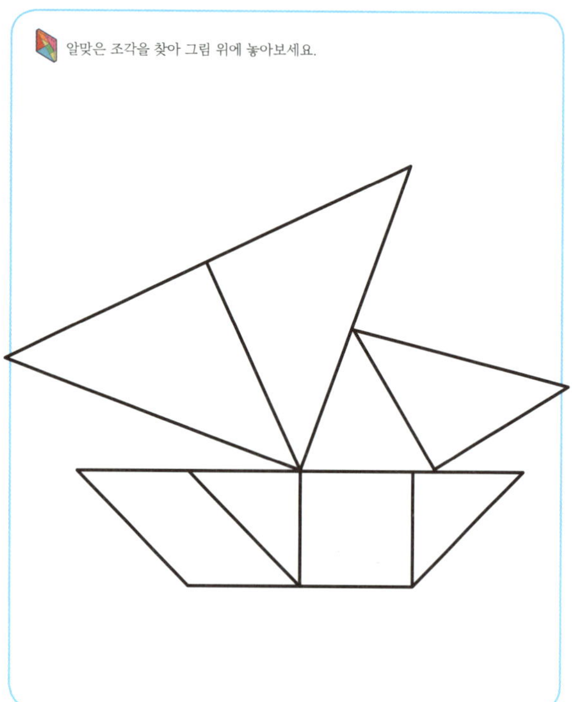

❷ 삼각형 만들기

주어진 조각을 사용하여 다음 삼각형을 만들어 보세요.

①번, ②번, ③번

①번, ②번, ③번, ⑥번

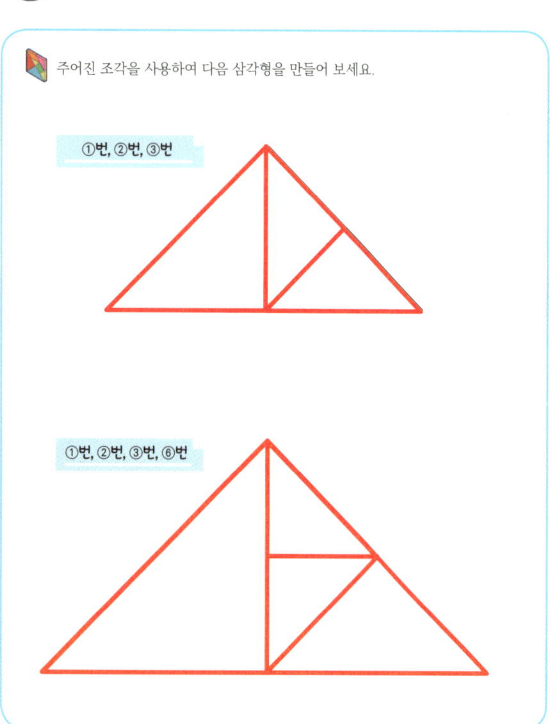

칠교판

주어진 조각을 사용하여 다음 삼각형을 만들어 보세요.

①번, ②번, ④번, ⑥번

①번, ②번, ⑤번, ⑥번

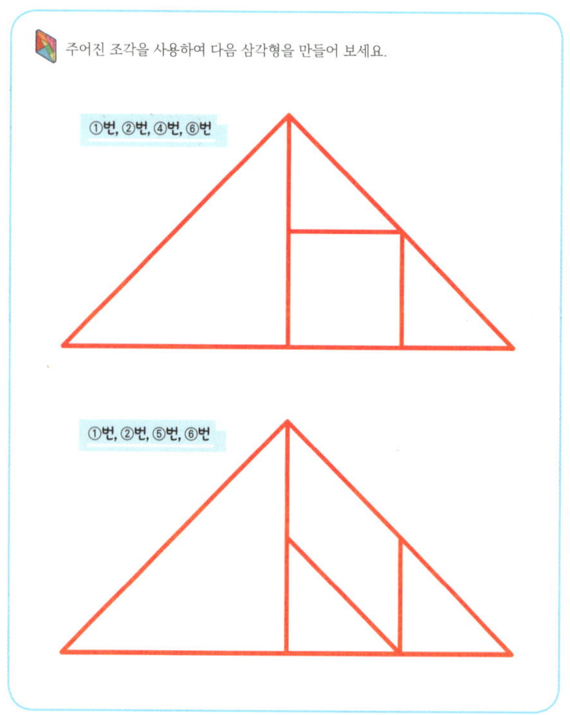

정답에 제시된 답 외에 다른 답이 나올 수도 있습니다.

3 네 조각으로 모양 만들기

①번, ③번, ④번, ⑤번 조각을 사용하여 다음 모양을 각각 만들어 보세요.

①번, ③번, ⑤번, ⑥번 조각을 사용하여 다음 모양을 각각 만들어 보세요.

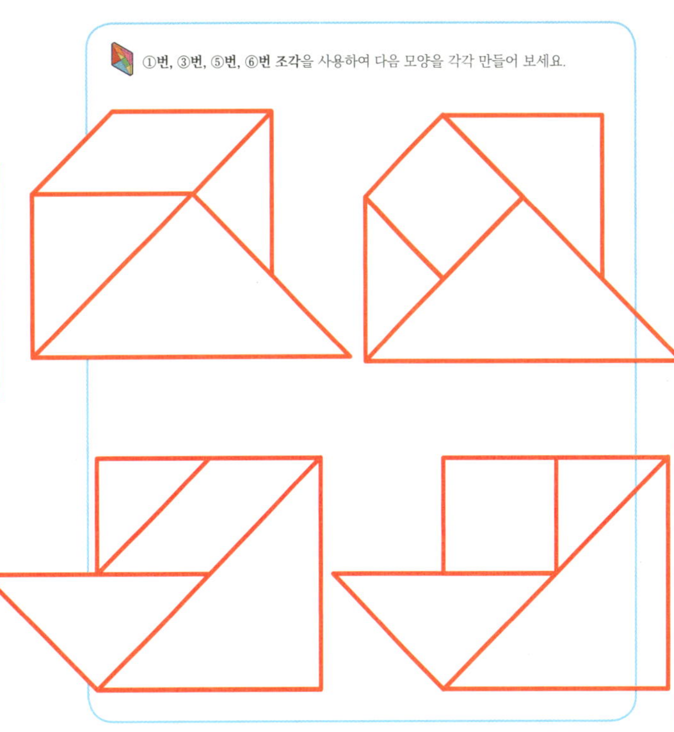

학부모 가이드 · 주어진 조각을 돌리거나 뒤집으면서 위치를 바꾸어 주어진 모양을 만들 수 있도록 해주세요.
참고로, 두 모양은 모두 세 조각으로도 만들 수 있습니다.

Joymath   6

학부모 가이드 · 두 모양은 모두 ①번, ③번, ④번, ⑥번 조각으로도 만들 수 있습니다. 다른 방법으로 만드는 활동에 도전할 수 있도록 해주세요.

Joymath   7

4 사각형 만들기

주어진 조각을 사용하여 다음 사각형을 만들어 보세요.

①번, ②번, ③번, ④번

①번, ②번, ③번, ⑥번, ⑦번

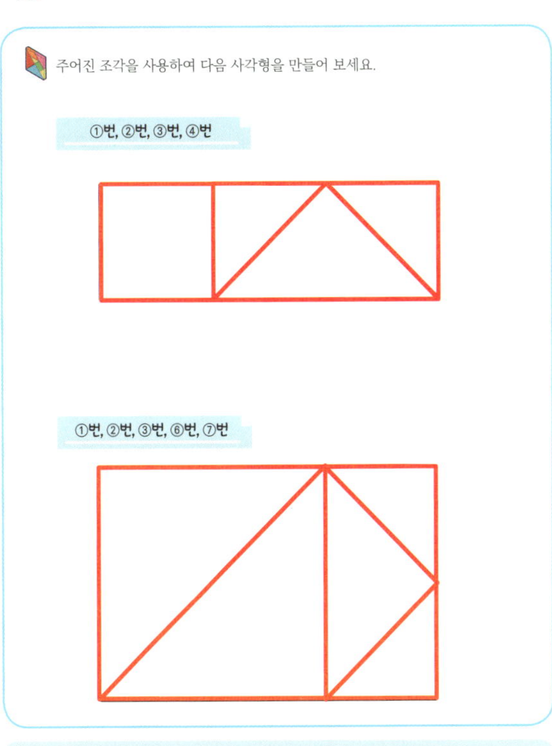

주어진 조각을 사용하여 다음 사각형을 만들어 보세요.

①번, ②번, ④번, ⑥번, ⑦번

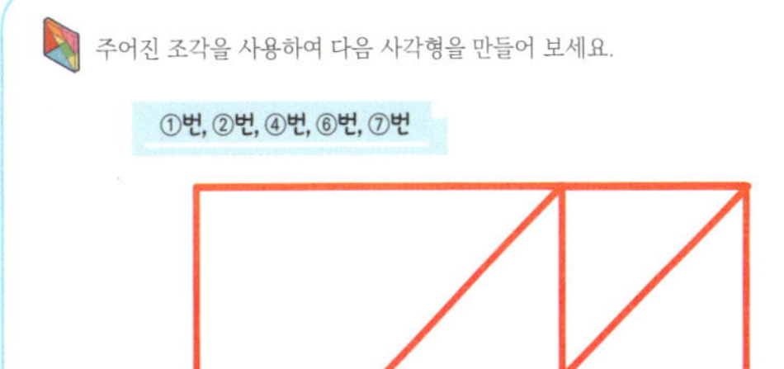

①번, ②번, ⑤번, ⑥번, ⑦번

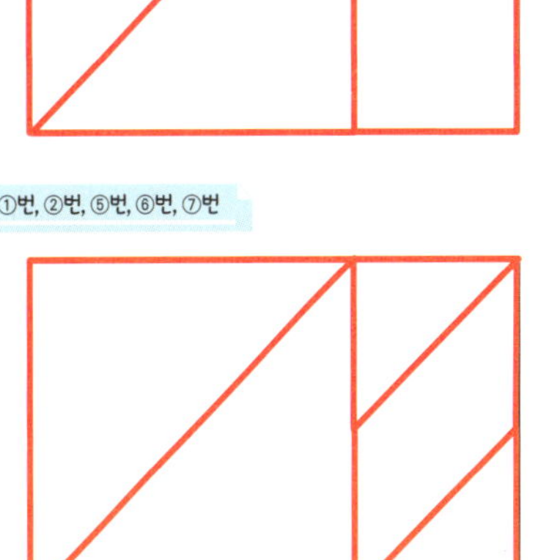

학부모 가이드 · 사각형은 초등학교 1~2학년군에서 배우는 내용으로, 오른쪽 그림과 같은 모양의 도형을 말합니다.

Joymath   8

학부모 가이드 · 변의 개수, 각의 개수와 같은 사각형의 특징에 대해 학생이 이야기할 수 있도록 해주세요.

Joymath   9

정답

5 다섯 조각으로 모양 만들기

다음 모양을 다섯 조각을 사용하여 만들고, 사용한 조각의 번호를 쓰세요.

사용한 조각의 번호
①번, ②번, ③번, ④번, ⑥번

또는 ①번, ②번, ③번, ⑤번, ⑥번

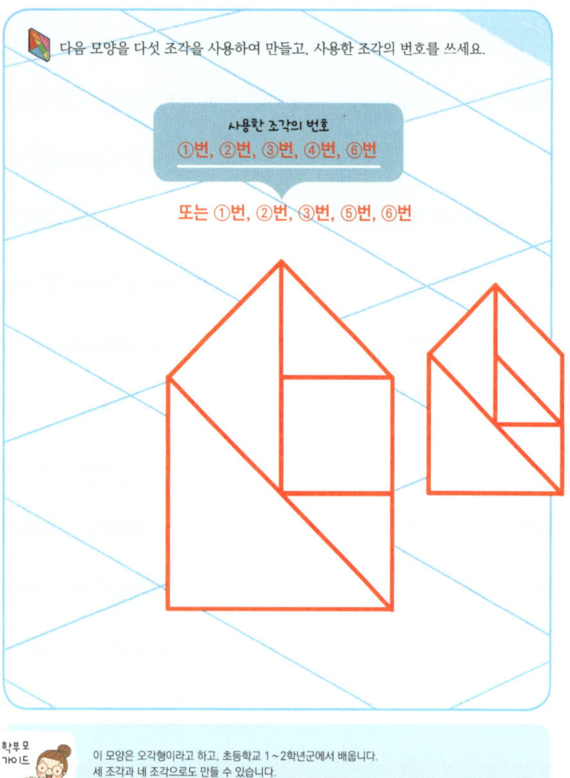

학부모 가이드 — 이 모양은 오각형이라고 하고, 초등학교 1~2학년군에서 배웁니다. 세 조각과 네 조각으로도 만들 수 있습니다.

다음 모양을 다섯 조각을 사용하여 만들고, 사용한 조각의 번호를 쓰세요.

사용한 조각의 번호
①번, ②번, ③번, ⑥번, ⑦번

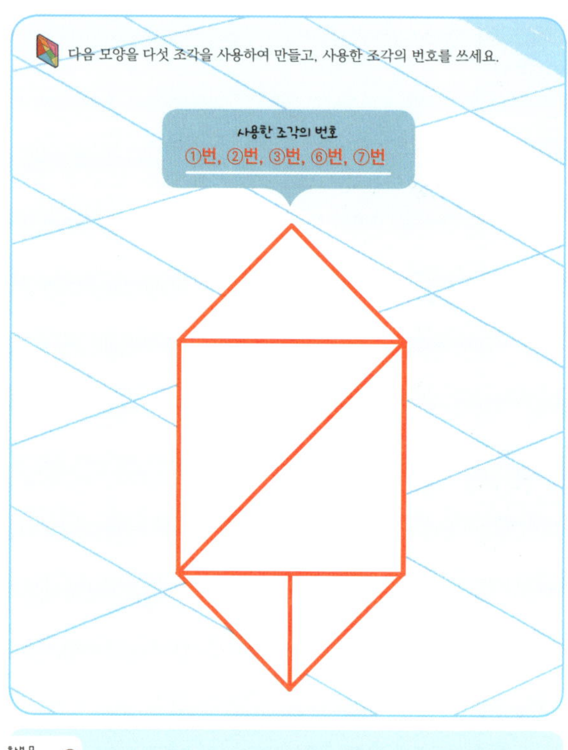

학부모 가이드 — 이 모양은 육각형이라고 하고, 초등학교 1~2학년군에서 배웁니다. 참고로, 이 모양을 다섯 조각으로 만들려면 ⑥번과 ⑦번 조각을 사용해야 합니다. 왜 그런지 학생들이 생각할 수 있도록 해주세요.

6 여섯 조각으로 모양 만들기

여섯 조각을 사용하여 다음 모양을 만들고, 사용한 조각의 번호를 쓰세요.
(단, ⑤번 조각을 반드시 사용하세요.)

사용한 조각의 번호
⑤번, ①번, ②번, ③번, ⑥번, ⑦번

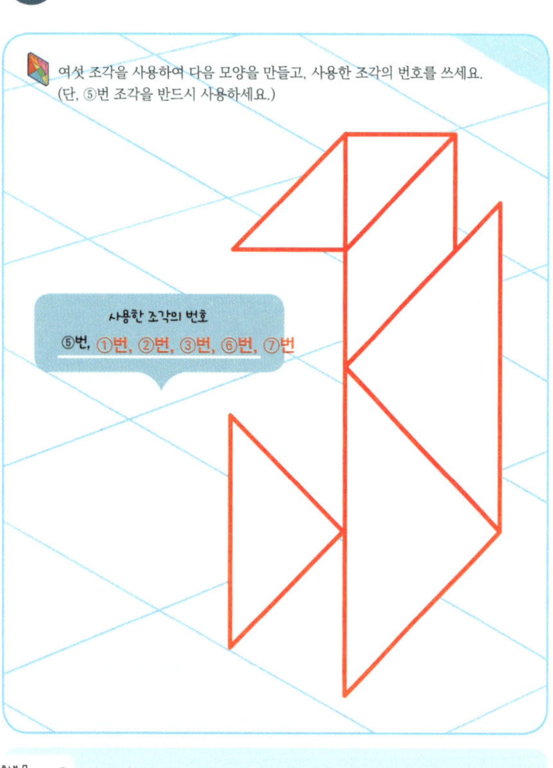

학부모 가이드 — 만든 모양이 무엇으로 보이는지 이야기하고, 왜 그렇게 생각하는지 설명할 수 있도록 해주세요.

여섯 조각을 사용하여 다음 모양을 만들고, 사용한 조각의 번호를 쓰세요.
(단, ⑤번 조각을 반드시 사용하세요.)

사용한 조각의 번호
⑤번, ①번, ②번, ④번, ⑥번, ⑦번

또는 ①번, ②번, ③번, ⑥번, ⑦번

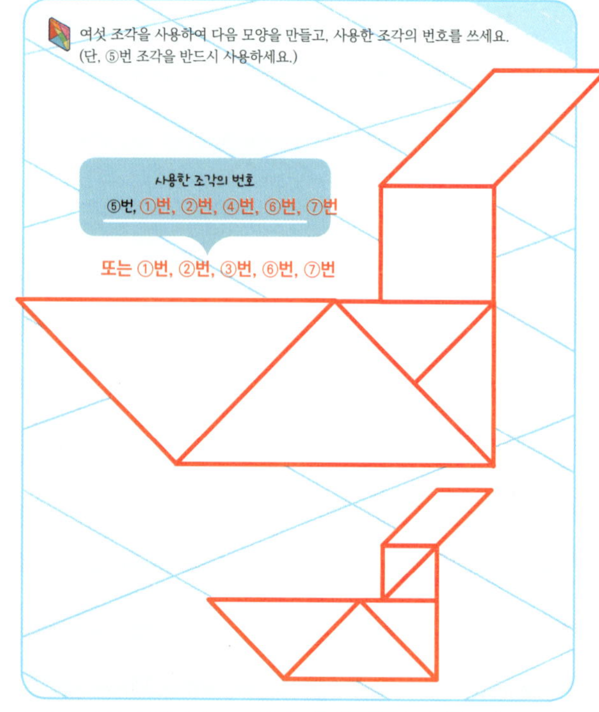

학부모 가이드 — 우리 주변에서 찾아볼 수 있는 여러 동물에 대해 이야기하고, 칠교판을 사용하여 만들 수 있도록 해주세요.

정답에 제시된 답 외에 다른 답이 나올 수도 있습니다.

사용하지 않는 조각 찾기

여섯 조각을 사용하여 다음 모양을 만들어 보세요. 어떤 조각을 사용하지 않아야 할까요?

사용하지 않는 조각의 번호
⑥번(또는 ⑦번)

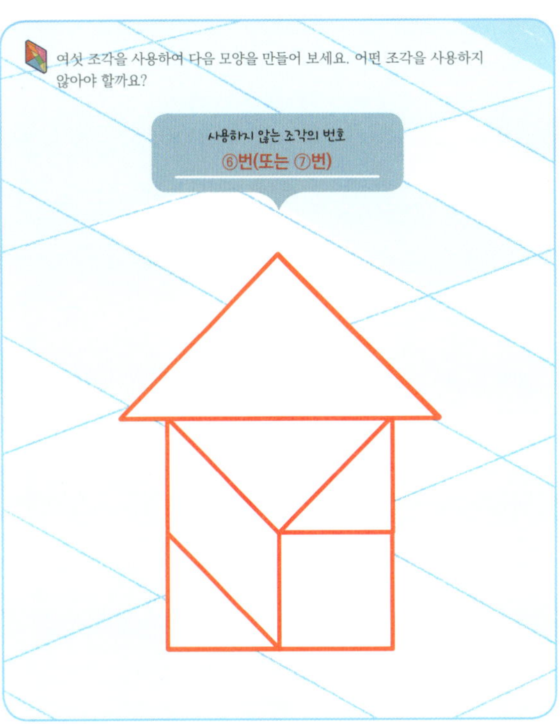

모양을 만들기 전에 어떤 조각을 사용하지 않을지 생각하고, 모양을 만든 후 생각이 맞는지 확인하게 해주세요.

Joymath 14 칠교판(활동학습) 수준2

수학적 창의력을 키우는 활동학습 JOYMATH
칠교판

여섯 조각을 사용하여 다음 모양을 만들어 보세요. 어떤 조각을 사용하지 않아야 할까요?

사용하지 않는 조각의 번호
④번 또는 ③번 또는 ⑤번

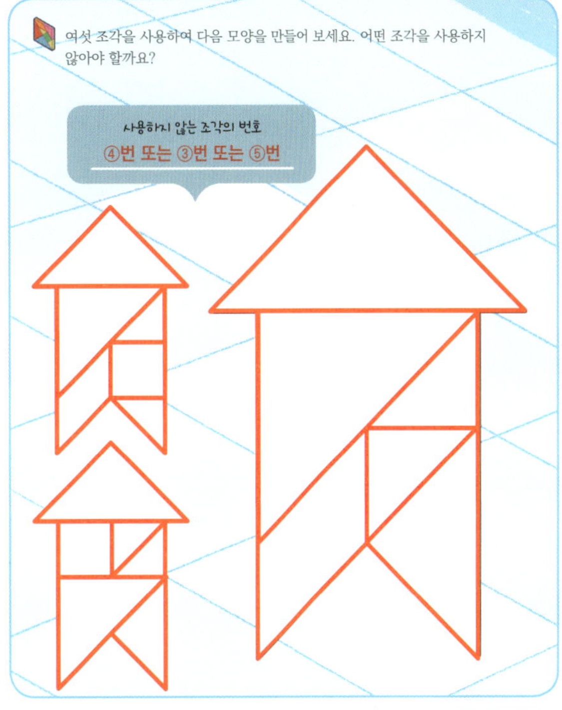

앞쪽의 모양과 비교하여 어떤 모양이 더 큰지 생각할 수 있도록 해주세요. 크기를 비교할 때에는 사용한 조각들 중에서 같은 조각들을 제외하고 남은 조각의 크기를 비교해 보세요.

Joymath 15 칠교판(활동학습) 수준2

8 운동 경기

칠교판 일곱 조각을 사용하여 다음 운동 경기를 하는 사람 모양을 만들어 보세요.

어떤 운동 경기를 하고 있는지 설명할 수 있도록 해주세요.

Joymath 16 칠교판(활동학습) 수준2

수학적 창의력을 키우는 활동학습 JOYMATH
칠교판

칠교판 일곱 조각을 사용하여 다음 운동 경기를 하는 사람 모양을 만들어 보세요.

칠교판을 사용하여 다양한 운동 경기를 하는 사람 모양을 만들 수 있도록 해주세요.

Joymath 17 칠교판(활동학습) 수준2

9 과일 나라

칠교판 일곱 조각을 모두 사용하여 다음 모양을 만들고, 만든 모양이 어떤 과일로 보이는지 이야기해 보세요.

학부모 가이드 학생이 생각하는 과일의 특징과 만든 모양을 비교하며 왜 그렇게 생각하는지 말할 수 있도록 해주세요.

Joymath　18　칠교판(활동학습) 수준2

수학적 창의력을 키우는 활동학습 JOYMATH　칠교판

칠교판 일곱 조각을 모두 사용하여 다음 모양을 만들고, 만든 모양이 어떤 과일로 보이는지 이야기해 보세요.

학부모 가이드 ③번, ④번, ⑥번 조각의 위치를 바꾸면, 다양한 방법으로 모양을 만들 수 있습니다.

Joymath　19　칠교판(활동학습) 수준2

10 바다에 사는 동물

칠교판 일곱 조각을 모두 사용하여 바다에 사는 동물 모양을 만들어 보세요.

학부모 가이드 학생이 말한 동물과 만든 모양의 특징을 비교하며, 왜 그렇게 생각하는지를 설명할 수 있도록 해주세요.

Joymath　20　칠교판(활동학습) 수준2

수학적 창의력을 키우는 활동학습 JOYMATH　칠교판

칠교판 일곱 조각을 모두 사용하여 바다에 사는 동물 모양을 만들어 보세요.

학부모 가이드 학생이 흥미를 느끼는 경우 다양한 동물 모양을 만들 수 있도록 해주세요.

Joymath　21　칠교판(활동학습) 수준2

정답

정답에 제시된 답 외에 다른 답이 나올 수도 있습니다.

⑪ 놀이터

칠교판 일곱 조각을 모두 사용하여 다음 모양을 만들어 보세요. 만든 모양이 무엇으로 보이는지 이야기해 보세요.

학부모 가이드 놀이터에 있는 기구 중 어떤 것과 같은지 이야기할 수 있도록 해주세요. 또한, 사용하는 각 조각을 어디에 놓아야 하는지 차근차근 생각할 수 있도록 격려해 주세요.

칠교판 일곱 조각을 모두 사용하여 다음 모양을 만들어 보세요. 만든 모양이 무엇으로 보이는지 이야기해 보세요.

학부모 가이드 놀이터를 상상하며 다른 놀이기구도 만들 수 있도록 해주세요.

⑫ 축구 경기

칠교판 일곱 조각을 모두 사용하여 다음 모양을 만들어 보세요.

학부모 가이드 만든 모양이 무엇을 하는 것으로 보이는지 설명할 수 있도록 해주세요.

칠교판 일곱 조각을 모두 사용하여 다음 모양을 만들어 보세요.

학부모 가이드 칠교판을 사용하여 다양한 사람 모양을 만들고, 무엇을 하는 것인지 이야기할 수 있도록 해주세요.

13 날아다니는 동물

칠교판 일곱 조각을 모두 사용하여 새 모양을 만들어 보세요.

수학적 창의력을 키우는 활동학습 JOYMATH 칠교판

칠교판 일곱 조각을 모두 사용하여 새 모양을 만들어 보세요.

학부모 가이드 만든 모양이 어떤 종류의 새로 보이는지 이야기해 보세요. 또한, 자신이 생각하는 새에 대한 여러 가지 특징을 이야기해 보세요.

학부모 가이드 학생이 다양한 새 모양을 만들고, 만든 모양의 특징을 이야기할 수 있도록 해주세요.

14 삼각형과 사각형

칠교판 일곱 조각을 모두 사용하여 다음 삼각형을 만들어 보세요.

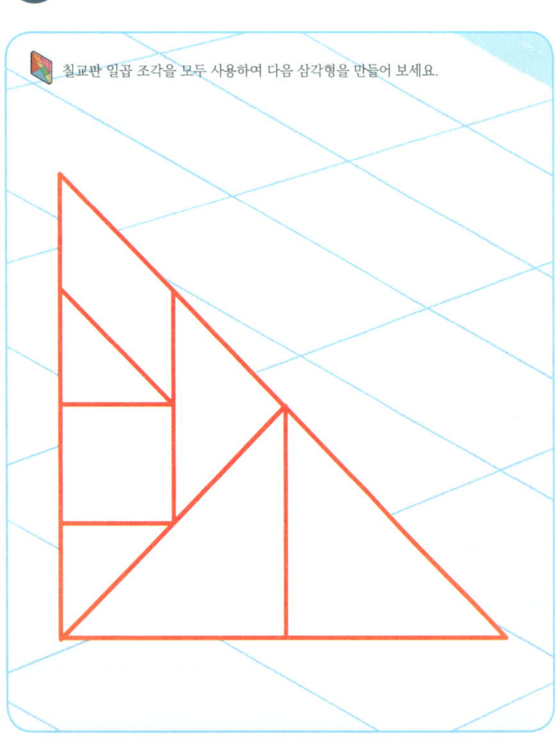

수학적 창의력을 키우는 활동학습 JOYMATH 칠교판

칠교판 일곱 조각을 모두 사용하여 다음 사각형을 만들어 보세요.

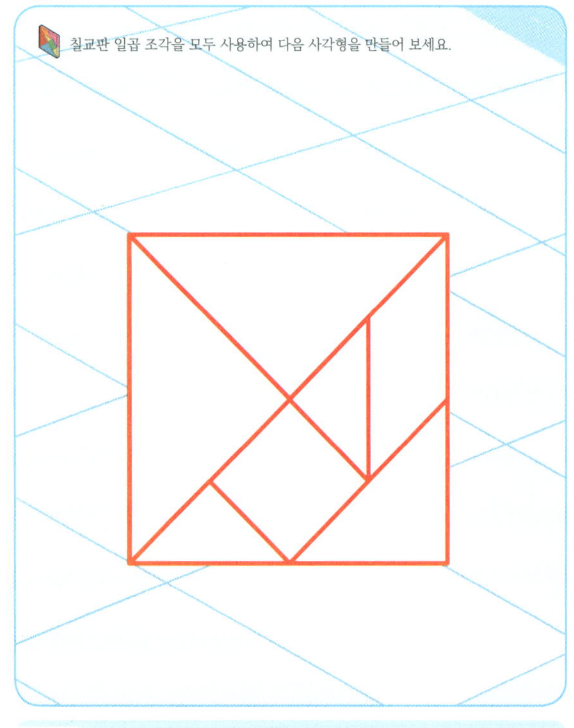

학부모 가이드 칠교판 일곱 조각으로 만들 수 있는 가장 큰 삼각형입니다. 만든 삼각형은 직각삼각형이고, 또한 이등변삼각형입니다.

학부모 가이드 칠교판 일곱 조각으로 만들 수 있는 가장 큰 사각형입니다. 만든 사각형은 정사각형이고, 또한 마름모입니다.

정답

15 한글 자음을 이용한 초성 퀴즈

칠교판 일곱 조각을 모두 사용하여 다음 'ㄷ'자 모양을 만들어 보세요.

학부모 가이드 칠교판을 사용하여 다양한 자음 모양을 만들고, 만든 자음을 초성으로 갖는 여러 가지 낱말(예를 들어, 돌, 담 등)을 말해 보세요.

수학적 창의력을 키우는 활동학습 JOYMATH

칠교판 일곱 조각을 모두 사용하여 다음 'ㅈ'자 모양을 만들어 보세요.

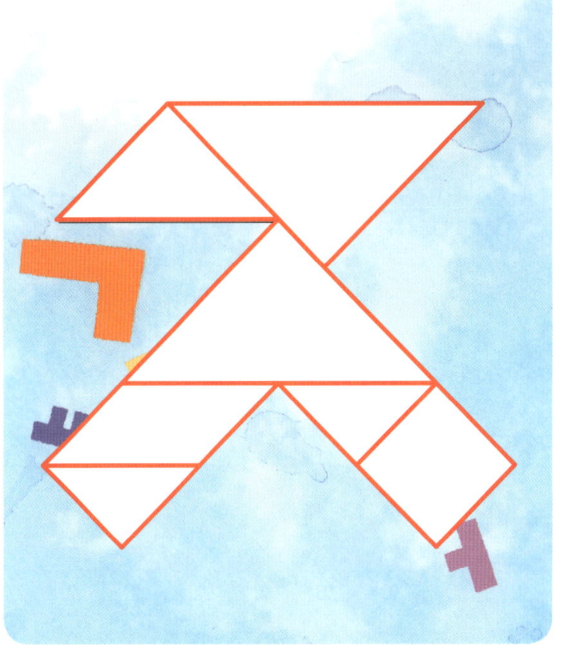

학부모 가이드 앞쪽의 자음과 연결하여 'ㄷ ㅈ'을 초성으로 갖는 다양한 낱말(예를 들어, 대장, 단정 등)을 말해 보세요. 학생이 흥미를 느끼는 경우 부모님과 다양한 초성을 사용하여 초성 퀴즈 게임을 해보세요.

16 동물원

칠교판 일곱 조각을 모두 사용하여 다음 동물 모양을 만들어 보세요.

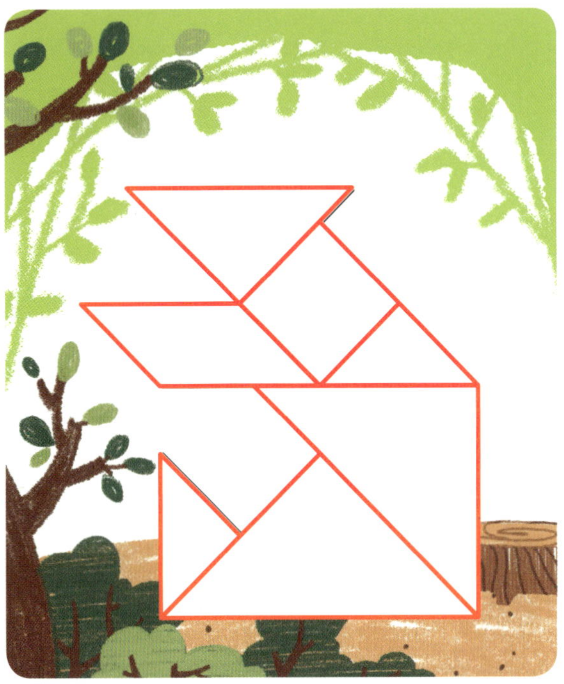

학부모 가이드 만든 모양이 무엇으로 보이는지 물어보고, 학생이 말한 동물에 관련된 동화 속 이야기를 할 수 있도록 해주세요.

수학적 창의력을 키우는 활동학습 JOYMATH

칠교판 일곱 조각을 모두 사용하여 다음 동물 모양을 만들어 보세요.

학부모 가이드 만든 동물의 특징을 설명하고, 이 동물에 관련된 경험이 있으면 이야기해 보도록 해주세요.

17 숫자 모양 만들기

칠교판 일곱 조각을 모두 사용하여 다음 숫자 모양을 만들어 보세요.

학부모 가이드: 학생과 숫자를 세어보고 만든 모양이 어떤 숫자로 보이는지 이야기해 보세요.
또, 여러 가지 숫자 모양을 만드는 활동에 도전하게 해주세요.

수학적 창의력을 키우는 활동학습 JOYMATH 칠교판

칠교판 일곱 조각을 모두 사용하여 다음 숫자 모양을 만들어 보세요.

학부모 가이드: 만든 두 숫자로 두 자리 수를 만들어 읽어보도록 해주세요.
칠교판을 사용하여 다양한 두 자리 수를 만들어 보세요.

18 전통 예술품

칠교판 일곱 조각을 모두 사용하여 다음 모양을 만들고, 만든 모양이 무엇으로
보이는지 이야기해 보세요.

학부모 가이드: 만든 모양이 무엇으로 보이는지 설명할 때, 만든 모양과 관련된 경험과 특징을 함께 이야기해 보세요.

수학적 창의력을 키우는 활동학습 JOYMATH 칠교판

칠교판 일곱 조각을 모두 사용하여 다음 모양을 만들고, 만든 모양이 무엇으로
보이는지 이야기해 보세요.

학부모 가이드: 우리 주변의 전통 예술품과 관련된 다양한 모양을 만들고, 만든 모양의 특징을 설명할 수 있도록 해주세요.

정답

정답에 제시된 답 외에 다른 답이 나올 수도 있습니다.

19 영어 단어 만들기

칠교판 일곱 조각을 모두 사용하여 다음 영어 알파벳을 만들어 보세요.

수학적 창의력을 키우는 활동학습 JOYMATH

칠교판

칠교판 일곱 조각을 모두 사용하여 다음 영어 알파벳을 만들어 보세요.

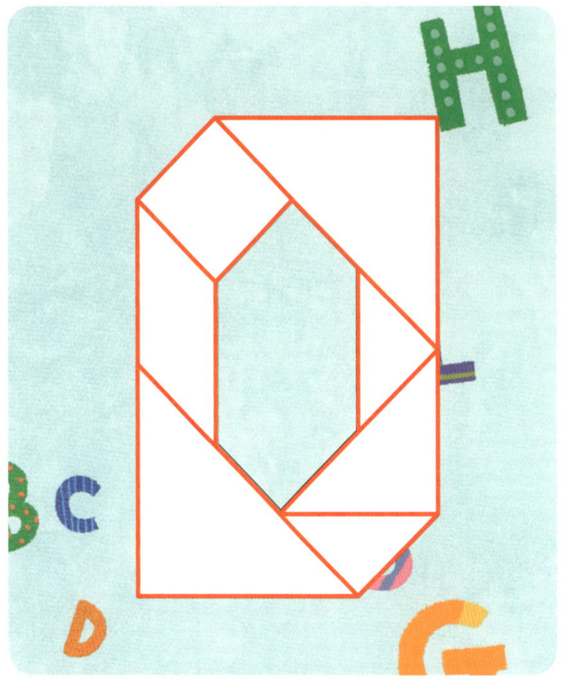

학부모 가이드 : 만든 모양이 어떤 영어 알파벳과 같아 보이는지 이야기해 보세요.
학생이 알파벳을 모르는 경우 영어 알파벳을 보여주고 어떤 것과 같은지 찾아보도록 해주세요.

학부모 가이드 : 참고로, 앞쪽의 영어 알파벳과 연결하여 쓴 DO는 '하다', '일', '되어가다'등의 뜻을 갖는 영어 단어입니다. 학생과 다양한 영어 알파벳 모양을 만들고, 이를 연결하여 단어를 만들어 보세요.

20 두 세트 중 여덟 조각 사용하기

수학적 창의력을 키우는 활동학습 JOYMATH

칠교판

칠교판 두 세트의 조각들 중에서 **삼각형 모양의 여덟 조각**을 사용하여 다음 모양을 만들어 보세요.

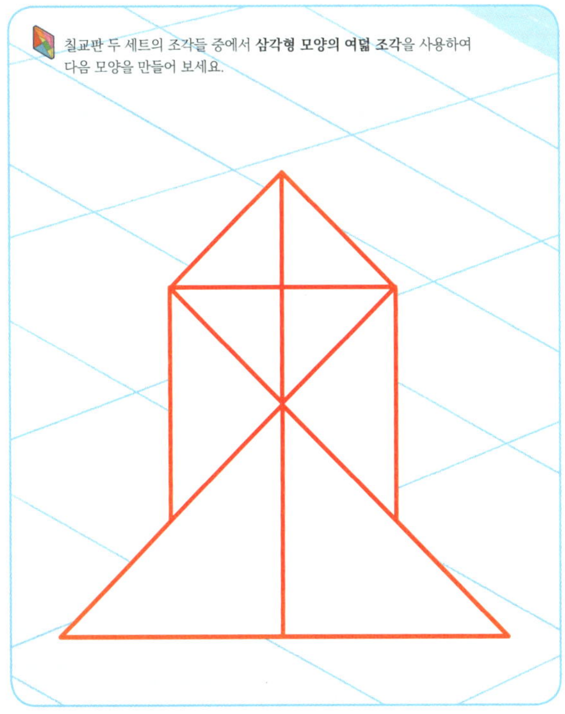

칠교판 두 세트의 조각들 중에서 **삼각형 모양의 네 조각과 사각형 모양의 네 조각**을 사용하여 다음 모양을 만들어 보세요.

학부모 가이드 : 사각형 조각을 사용하면 더 다양한 방법으로 모양을 만들 수 있습니다.
학생이 흥미를 느끼는 경우 이 활동에 도전할 수 있도록 해주세요.

학부모 가이드 : 사용할 조각을 먼저 선택한 후 모양을 만들면 문제를 쉽게 해결할 수 있습니다. 이때, 사용할 수 없는 조각이 무엇인지 생각할 수 있도록 해주세요. 예를 들어, ⑥번과 ⑦번 조각은 사용할 수 없습니다.

21 현미경

칠교판 두 세트의 조각 14개를 모두 사용하여
다음 모양을 만들어 보세요.

칠교판 두 세트를 모두 사용하는 것은 매우 어려운 문제입니다. 학생이 포기하지 말고, 도전할 수
있도록 독려해 주세요.

수학적 창의력을 키우는 활동학습 **JOYMATH**

칠교판 두 세트의 조각 14개를 모두 사용하여
다음 모양을 만들어 보세요.

여기까지 모두 완성한 학생은 나중에 처음부터 다시 해보도록 하면서, 학생이 생각하는 방법이 어떻게
달라졌는지 관찰해 보세요. 학생이 만든 모양을 사진으로 찍어 비교해 보는 것도 좋은 방법이에요.

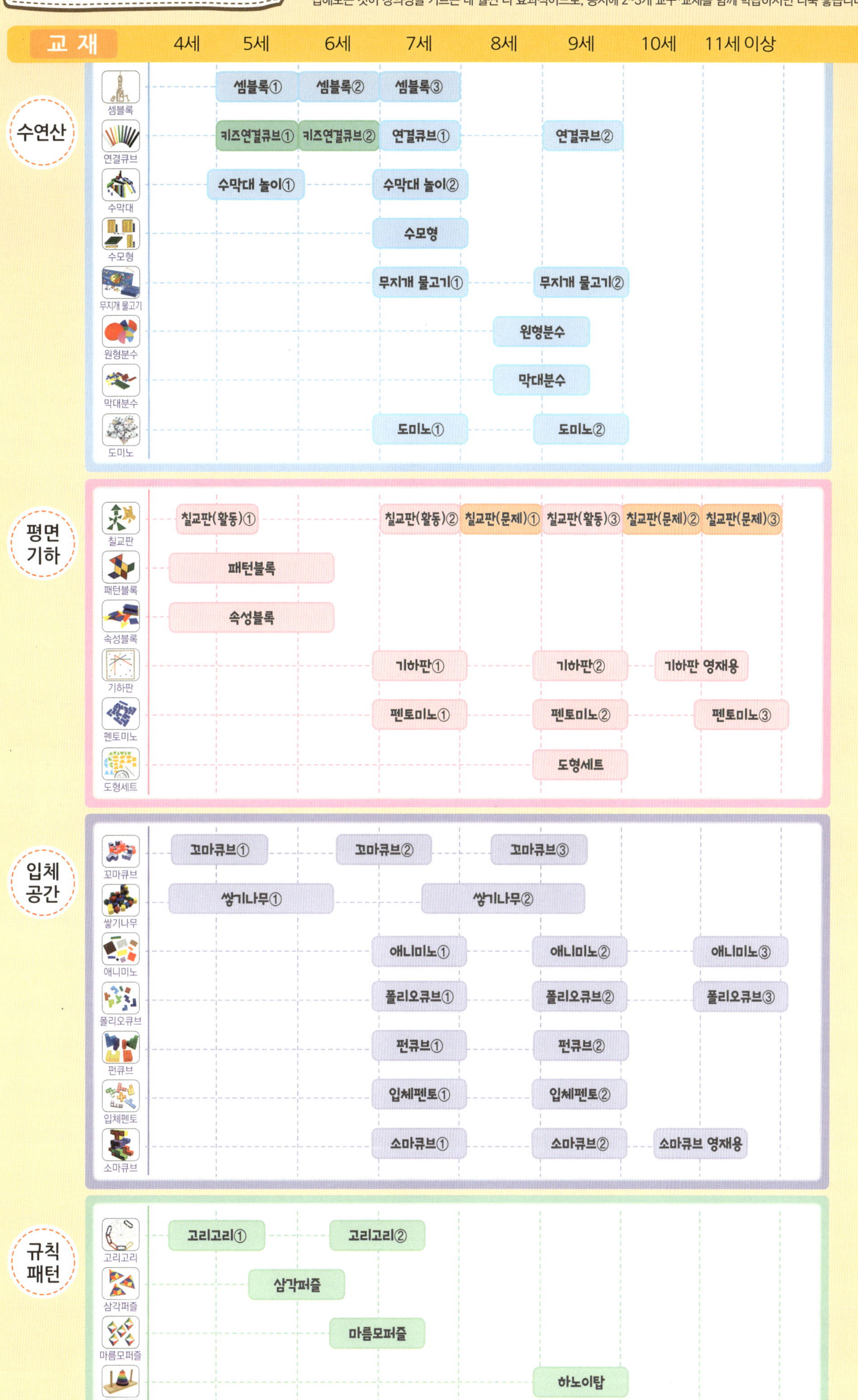

교재		4세	5세	6세	7세	8세	9세	10세	11세 이상
수연산	셈블록		셈블록①	셈블록②	셈블록③				
	연결큐브		키즈연결큐브①	키즈연결큐브②	연결큐브①		연결큐브②		
	수막대		수막대 놀이①		수막대 놀이②				
	수모형				수모형				
	무지개 물고기				무지개 물고기①		무지개 물고기②		
	원형분수					원형분수			
	막대분수					막대분수			
	도미노				도미노①		도미노②		
평면 기하	칠교판		칠교판(활동)①			칠교판(활동)②	칠교판(문제)①	칠교판(활동)③	칠교판(문제)②	칠교판(문제)③
	패턴블록		패턴블록						
	속성블록		속성블록						
	기하판				기하판①		기하판②	기하판 영재용	
	펜토미노				펜토미노①		펜토미노②		펜토미노③
	도형세트					도형세트			
입체 공간	꼬마큐브		꼬마큐브①		꼬마큐브②		꼬마큐브③		
	쌓기나무		쌓기나무①			쌓기나무②			
	애니미노				애니미노①		애니미노②		애니미노③
	폴리오큐브				폴리오큐브①		폴리오큐브②		폴리오큐브③
	펀큐브				펀큐브①		펀큐브②		
	입체펜토				입체펜토①		입체펜토②		
	소마큐브				소마큐브①		소마큐브②	소마큐브 영재용	
규칙 패턴	고리고리		고리고리①		고리고리②				
	삼각퍼즐			삼각퍼즐					
	마름모퍼즐				마름모퍼즐				
	하노이탑						하노이탑		

조이매스 JOYMATH — 창의력 수학 활동학습 시리즈

수 · 연산

셈블록			키즈 연결큐브		연결큐브		수모형
수준1: 5세 이상	수준2: 6세 이상	수준3: 7세 이상	수준1: 5세 이상	수준2: 6세 이상	수준1: 7세 이상	수준2: 9세 이상	7세 이상

수막대		무지개물고기살리기대작전		막대분수	원형분수	자석원형분수	
수준1: 5세 이상	수준2: 7세 이상	수준1: 7세 이상	수준2: 9세 이상	7세 이상	8세 이상	수준1: 8세 이상	(예정)수준2: 10세 이

평면도형 · 측정

칠교판(활동학습)			칠교판(문제해결)			패턴블록	속성블록
수준1: 4세 이상	수준2: 7세 이상	수준3: 9세 이상	수준1: 8세 이상	수준2: 10세 이상	수준3: 11세 이상	4세 이상	4세 이상

펜토미노			기하판			자석도형세트	
수준1: 7세 이상	수준2: 9세 이상	수준3: 11세 이상	수준1: 7세 이상	수준2: 9세 이상	영재용: 10세 이상	9세 이상	

조이매스 보드게임

달팽이우주여행

카멜레온

컬러매치

고래가족